神的护理的奥秘
The Mystery of Providence

约翰·弗莱维尔（John Flavel） 著

肖庆、钱逊 译

中文版权 © 贤理 · 璀雅

作者／约翰 · 弗莱维尔（John Flavel）
英译／肖庆、钱逊
审校／王晶毅、未克
中文校对／上官亚红

中文书名／神的护理的奥秘
英文书名／The Mystery of Providence
所属丛书／清教徒思潮系列
丛书主编／未克

Copyright © Banner of Truth 1963
Originally published in English under the title The Mystery of Providence by The Banner of Truth Trust, Edinburgh EH12 6EL, UK
All rights reserved.
Used by permission through the arrangement of The Banner of Truth Trust.

本书部分经文引自《和合本》，版权属香港圣经公会所有，蒙允准使用。其余经文直接译自英文原文。

策划／李咏祈
装帧设计／冬青
出版／贤理 · 璀雅出版社
地址／英国苏格兰爱丁堡
网址／https://latreiapress.org
电邮／contact@latreiapress.org
简体中文初版／2024 年 6 月

ISBN：978-1-913282-34-9

目 录

清教徒思潮系列序言 1
出版者序 9
前言 21

第一部分——神的护理的明证

第一章　对圣徒的护理之工 | 35
第二章　我们的出生及成长 | 55
第三章　归信的工作 | 77
第四章　我们的职业 | 97
第五章　家事 | 105
第六章　保守圣徒远离罪恶 | 117
第七章　成圣的工作 | 129

第二部分——默想神的护理

第八章 默想神的护理之责任 |145

第九章 如何默想神的护理 |151

第十章 默想神的护理之益处 |185

第三部分——神的护理之教义的运用

第十一章 给圣徒的实践性指导 |231

第十二章 关乎神的护理的实际问题 |237

第十三章 记录我们所经历的神的护理之益处 |281

清教徒思潮系列序言

清教徒主义源于英国国教中的改教运动（约1550~1700年）。这一纷繁复杂的运动，是十六至十七世纪英国宗教改革所结的果子。那时，一众圣徒坚信：英国国教已偏离神的圣道，必须要兴起一场更加深入的改教运动。"清教徒"和"清教徒主义"，都有"洁净"之意——摒弃罗马天主教和世俗主义的一切残留，使英国教会与欧洲大陆的改教运动立场一致。因此，清教徒主义归属于改革宗的新教教会。在神学理念上，清教徒是彻头彻尾的加尔文主义者——更像欧洲大陆的加尔文主义教会，而不像路德宗的教会。实际上，他们认为路德宗在教会崇拜中掺杂了太多改教前的做法。

我们可以从清教徒的四个特色深入了解他们。首先，他们认为人类的得蒙救赎，自始至终都完全仰赖上帝的作为。与路德和加尔文一样，清教徒相信，与上帝和好是祂赏赐的恩典，须靠着信心领受。实际上，救恩完全是上帝恩典——在人类犯罪作恶、完全无法达到公义上帝的标准，无法享受与祂的团契时，上帝就已主动发起救恩。因此，悔改、归正是绝对必需之举。借此，一个本应灭亡的罪人被更新、转化成被拣选的圣徒，并蒙应许进入天国。归正则是经验性的，也是一个从悖逆到顺服的缓慢过程。因此，信徒的生命历程被视作朝圣之旅。清教徒也由此发展出经典的归正模式：随着不断确认自己的罪，一个人就会痛哭流涕地作出决定，厌恶、离弃过往的恶行，并立志拥抱上帝所圣化的新生命。

神人关系被视作"圣约"之下的契约关系。"圣约"一词用来描述救恩，以此解释蒙拣选之人被神拯救的过程。亚当犯罪堕落之前，上帝赐给他"工作之约"的命令和应许。若人顺服在上帝所宣告的道德律法之下，人将被赐予救恩。然而，亚当和众人都因犯罪落在咒诅之下。为了重建人与上帝的生命关系，就必须赐下"恩典之约"——带来生命的应许、因基督的献祭之死而赐下信心。对于蒙拣选者而言，上帝白白赐下恩典，超越并废除了工作之约。后来，圣约的概念也扩展到了教会组织之中，从会众制的兴起和基督教社团的组织结构中可见一斑。

清教徒的第二个特色，就是认定"唯独圣经"这一信条。圣经以至高无上的权威，在教义和生活中都有指导和实践的意义。清教徒的生息存亡都仰赖于圣经。他们深信上帝所教导的一切均可付诸实践，生活的方方面面也都应置于圣经话语的检视之下。对清教徒而言，圣经的权威是相当正面的：基督徒应当积极遵循圣经所教导的，而非仅仅是不做圣经所禁止的。若描述清教徒的宗教性，"清教徒的灵性"是比"敬虔"更好的词汇，因其表达了以圣道为中心、由圣道而塑造的意思。圣灵在我们心中建立圣道，清教徒秉持认真、一致的原则解读圣经，以耐心、全备、注重方法的态度查考圣经。

因此，清教徒坚信：讲道在敬拜中占据首要地位。讲道必须与普通会众相连结，必须要用他们能听懂的语言。若讲道晦涩难懂，哪怕有抽丝剥茧的论证、细致入微的阐述、精彩华丽的词藻，会众也收益甚微。因此，清教徒传道人刻意发展出通俗易懂的讲道风格。他们坚称：讲道者必须言之有物，且要用普通大众能够听懂、容易记忆的方式传讲圣道。对于清教徒而言，一篇讲章从预备到呈现，整个过程都要在圣灵的引导之下。福音性、释经式讲道的光芒，就彰显于会众靠着圣灵、借着圣道与上帝相遇。

第三，对于清教徒而言，合乎圣经的教会观是相当重要、也是富有争议之事。他们相信，除了个人的生活，教会的组织结构构也应当符合圣经的教导。因此，他们认为圣经已经列出了教会组织、管理的细节，从而不接受圣公会推崇的主教制和教会礼仪，也不认为应由主教们决定哪一种教会建制符合圣经的教导。因为，新约圣经中的提到的长老们与主教毫无关系，主教这一职分也就没有圣经依据。而现代的长老制、会众制，甚至浸信会的组织结构，都基于圣经教导的教会次序。至于政教关系的问题，有些清教徒认同国教式的长老制，有些也支持与政府联盟的会众制，还有一些则相信，按照圣经教导，会众制的教会应当与政府分离。由此可见，虽然清教徒不认同圣公会对圣经的解读，但对于何为最佳的圣经解读，他们之间也有不同意见。

清教徒的第四个特色，就是认为整个社会应当团结一致。对他们而言，应由统一、和谐的领导群体管理社会生活。因此，清教徒寻求在政治、民生、社会经济等领域建立公平公义，以使整个英格兰都清教徒化。当然，宽容的理念乃至多元主义在后期的清教徒联盟中出现，但清教徒自己也讨伐这些理念，并将其搁置一个世纪之久。十七世纪初，清教徒主义对英国议会的兴起作出了贡献，并为现代时期的第一次政治革命奠定了基础。正如巴刻所言："清教徒主义是一场福音派的圣洁运动，期望在各个领域实现属灵更新的异象：国家、个人、教会、政府，或家中；教育界、福音布道或经济活动；个人敬拜和领命操练，以及教牧关怀和实践。"（巴刻，"一位值得纪念的圣公会信徒——威廉姆·铂金斯"，1～2页。）

另外，清教徒活出的生活，是将基督教真理与圣约异象相结合。将世界分为圣、俗二元是诺斯底派的教导，而以神为中心的信仰和生活则是整全的。清教徒将基督徒的生命看做一个整体。因此，他们将诸多元素都结合起来：默想与行动、敬拜与工作、辛劳与休息、爱上帝与爱邻舍/爱自己、个人与社会，以及众人之间的深入交往。上帝所有的创造都是圣洁的。因此，所有的活动都应被圣化，就是为着彰显上帝的荣耀而行。从这种包涵一切、容纳万有的世界观出发，全备的福音就体现在终其一生、竭尽全力，使每一个举动都遵循基督的教导。

遗憾的是，长久以来中国教会并不了解清教徒主义和清教徒运动的历史及其神学。中国的教会太看重改教者，以致于忽略了清教徒。实际上，当今的中国教会能从清教徒那里获益良多，这也是出乎绝大多数人所料的。因此，中国教会急需阅读清教徒的著作，我们绝不可轻看甚至忽略清教徒的属灵遗产。正如十八世纪著名的布道家乔治·怀特腓所言：

> 若非在十字架下，牧者们不可能以如此的能力书写和传讲圣道；毋庸置疑，基督的灵和祂的荣耀降临在清教徒身上，使他

们成为点着的明灯。在黑巴多罗买法案（1662年礼拜仪式统一法）通过之后，清教徒被驱赶离开受人尊敬的牧职，在谷仓、田野、大路边、树篱旁传讲圣道。然而，他们正如有权柄的人，以独特的风格写作、讲道。他们虽然死了，借着其作品依然讲话；在这一刻，他们享有那特别的恩膏……（《乔治·怀特腓生平与著作》，卷四，306～307页。）

阅读、研究清教徒的著作，将极大丰富基督徒的生命，并会带来教会的更新。通过阅读他们的作品，使我们的使命和信仰完全聚焦于圣经，并使我们从圣经出发、透过圣经的观点理解、判断所有的事情。

深愿借着这套《清教徒思潮系列》丛书，促进华人教会在神学反思、灵命操练和神学实践上有不断的更新和长进。该系列将帮助华人教会重拾"真实的"、"活出来"的清教徒主义，不仅了解他们正式的神学论文，也看到错综复杂、甚至充满张力的圣徒生活。众多清教徒见证人，如同云彩围绕着我们：巴克斯特、古德温、欧文、薛伯斯、布鲁克、华森、古诺、弗拉维尔、班扬、爱德华滋，等等。这一众圣徒，不仅是伟大的思想家，更是属灵伟人，其属灵洞见无出其右。他们见证了新教传统中极为丰富的属灵遗产，这些产业将继续支撑、塑造当今的教会。清教徒最为强壮之处，正是华人教会极为虚弱之处。清教徒的作品是有待挖掘的宝藏，可以让我们进一步探寻清教徒运动背后的神学。与当今的基督徒教师和传道人相比，这些著作更能激发信徒对上帝的尊崇、挑旺他们追求圣洁的热诚。因此，我们祈求上帝使用《清教徒思潮系列》，启发各位读者，学习、研究清教徒的著作。

周学信博士
中华福音神学院基督教神学与宗教研究中心主任

出版者序

1688年2月13日,在白厅华丽的国宴厅中,一个划时代的事件发生了。威廉王子和奥兰治的玛丽公主接受了英国王位,被封为国王和王后。用麦考利勋爵(Lord Macaulay)的话说,"给英国革命画上了圆满的句号"。次日,举国上下都在为摆脱教皇统治,进行公开的感恩庆祝。为数不多幸存的清教徒领袖之一,约翰·弗莱维尔(John Flavel)在此次庆典的布道中,无意间观察到一个奇妙非凡的巧合。在1588年,英国从罗马天主教手中,经历了一次不同寻常的拯救。强大的西班牙无敌舰队原被派遣去废黜信奉新教的伊丽莎白,使她的人民回到"旧信仰",却因遭狂风恶浪而覆灭。一百年过去了,弗莱维尔提醒他的听众。

看哪，你们不正在见证又一个以恩典为冠、大享富足、不亚于前者的美名和荣耀的八八年吗？神的护理挫败了再一次使英国伏于罗马之轭下的企图。

西班牙无敌舰队和"光荣革命"所跨越的世纪，在英国宗教史和政治史上均具有决定性意义。罗马教廷和宗教改革派都陷入了对于国家最高权力的争斗中。1662年见证了清教徒被驱逐出帝国教会，最主要是因他们主张宗教改革的原则，即圣经在教会中有至高无上的权柄。1688年及之后的世代，罗马天主教不再成为英国的国家宗教。然而，这并不意味着清教徒运动的胜利。实际上，可以确切地说，清教徒运动到1688年就已经结束了，而它的目标在很大程度上仍未实现。

清教徒的历史相当不同寻常。作为一场基于神话语的彻底改革教会运动，它确实和宗教改革运动一样古老。但是宗教改革复兴了讲道，而清教徒则支持某种特定的讲道。自那时以来的诸多杰出的评论家均判定，清教徒唯独持守以能力、整全和恩膏，将神的圣言应用于其良心。然而，很难详细界定他们与其他时代的布道家之间的区别。同样，很难解释改教运动是如何在短时间内兴起、在期间孕育了众多杰出的布道家，以及这种供应又是如何在大约一百年后枯竭的。如果我们接受清教运动全然是圣灵向英国教会的浇灌这一观点，那么它就是我们的主所阐述的，圣灵动工原则的显著例证："风随着意思吹，你听见风的响声，却不晓得从哪里来，往哪里去……"

清教徒运动极大程度上源自神的恩赐这一观点，可以在并未见任何类似清教徒们的能力逐渐衰落一事上得以证实。后来的清教徒中最引人关注的人物之一，达特茅斯的约翰·弗莱维尔，尽管其大部分事工在1662年的大驱逐后锐减，但与他的先辈们相比，堪称是一位注重实践的作家。他的父亲理查德·弗莱维尔（Richard Flavel）是伍斯特郡布罗姆斯格罗夫（镇）的牧师，阿里（Ali）称他为上帝忠实的仆人。与其他许多人一样，他的事奉在1662年被法律终止。在因被控煽动叛乱监禁于纽盖特后，在1665年的瘟疫中英年早逝。约翰是一个清教徒家庭的长子，与许多类似的规划一样，他在我们现在看来很小的年纪就被送进了牛津的大学学院。第一次内战后，英国议会于1647年下令巡视牛津大学，随后的大学改组几乎可以肯定是在弗莱维尔在校时期进行。说起他在牛津的时光，弗莱维尔很遗憾他当时极大地忽视了自己灵魂的益处。尽管如此，1650年他仍被举荐为德文郡迪普福德区的牧师助理，开始了他毕生的工作。

迪普福德教区的牧师沃尔普雷特先生（Mr Walplate）身体抱恙，故寻求帮助。因此，他的年轻助手并不缺少教牧职责。弗莱维尔于1650年10月被正式按立为牧师。听说在索尔兹伯里有一个圣职按立仪式，他便自荐前去接受长老会的考察，并被适时认可。尽管弗莱维尔在沃尔普雷特去世之后，接替其成为迪普福德教区的牧师，并且报酬相对丰厚，他还是在1656年接受呼召去另一个地方事奉。德文郡的达特茅斯海港历史悠久，早期它就以其广阔的港口而闻名，并于1190年成为十字军舰队的集结地。到了17世纪，它是内战时期的一个重要据点。1643年，莫里斯亲王（Prince Maurice）在围攻四星期后，为国王夺得了这个据点，随后便一直在保皇党的控制下，直到1646年费尔法克斯将军（General Fairfax）将其占领。1656年，达特茅斯牧师安东尼·哈特福德（Anthony Hartford）去世。当时有两个教会在职任上互相关联，圣救世主教会（St Saviour's）和汤斯顿教会（Townstall）。圣救世主的会众选择了阿兰·吉尔（Allan Geare），著名的约翰·夏纳（John Canne）的女婿，后者是阿姆斯特丹英国教会的牧师。在汤斯顿教会，一位年轻人被任命为哈特福德的继任者，他最近出色地主持了德文郡省级教会会议。这个年轻人就是约翰·弗莱维尔，从此他开始了与达特茅斯的交往，直至他去世。

若是在另一个时代，弗莱维尔在达特茅斯的事奉很可能会收获外部的巨大繁荣和成功。而事实上，与包括他父亲在内的其他许多人一样，他在1662年被统一法案驱逐。这项法令虽成功地使一些不信奉国教的牧师噤声，然而，许多人认为他们的神圣召命优先于任何人制的条令。因此，弗莱维尔继续在达特茅斯尽其所能地进行他的事奉。查理二世政府并不满足于驱逐，试图彻底消灭异见。1665年的《牛津法案》禁止不信奉国教的牧师踏进任何城镇周边的5英里范围内，除非他们宣誓，在其中承诺不试图对教会或国家做出任何改变。德文郡的一些不信奉国教者，特别是约翰·豪（John Howe）接受了宣誓。而弗莱维尔则拒绝了这样的做法，尽管这意味着离开他的家和群羊。他搬到了史立顿（Slapton），一个在达特茅斯限定距离之外的村庄。许多曾经的信徒都来求助他，他便在周日向他们布道。查理二世于1672年颁布的《信教自由令》，使清教徒得到了短暂的喘息。在国家和议会都不知情的情况下，英皇与法国的路易十四就在英国建立罗马天主教一事上达成共识。作为一个预备性步骤，向异见者、新教徒和罗马天主教徒赋予了敬拜自由。弗莱维尔充分利用了此项自由，认证成为了公理会的一员。即使在不久之后，《自由令》迫于议会的压力被撤回，他仍继续在达特茅斯传道。他在私人住宅和树林里布道，甚至在金斯布里奇河口低洼处的一块名叫"盐石"的岩石上进行聚会。

作为一名活跃的非国教徒的领袖，弗莱维尔经常处于危险之中。他于1682年被迫离开达特茅斯前往伦敦。在那里，他会见了其他持同样立场的牧师，特别是威廉·简金（William Jenkyn）。1684年9月，简金、弗莱维尔和其他一些友人聚在一起祷告时，士兵突然闯入他们中间，威廉·简金被捕。尽管弗拉维尔设法逃脱，但当时离得很近，足以听到士兵们对众人的粗暴言行。这次经历后不久，弗拉维尔拒绝了接替简金的邀请，回到了德文郡。后者于1685年1月卒于狱中。弗莱维尔活到得享斯图亚特末代国王詹姆斯二世（James II）赋予异见者的自由，并为1688-89年间的不流血革命感到欣喜。这场革命使英国人为新教徒加冕，并给予了不信国教者持久性的宽容。当时许多措施被实施，以解决长老会和公理会之间的分歧。这项工作深得弗莱维尔钟爱，他在促进德文郡的"快乐联盟"（Happy Union）中扮演了主要角色。正当他致力于这项事工期间，弗莱维尔于1691年在埃克塞特突然逝世。他被葬于达特茅斯，"在许多异见分子的陪同下入土为安"，一位冷漠的见证者如是说。据记载，弗莱维尔的墓志铭于1709年被移除。当时的教区牧师反对，认为他不配得主教的职分。

即便简单一瞥弗莱维尔的事迹，也能看出他杰出的品格。就弗莱维尔的影响而言，保皇派历史学家伍德（Wood）观察到他比约翰·欧文（John Owen）或理查德·巴克斯特（Richard Baxter）拥有更多的追随者。同样是上述这位作家曾指责他抄袭、煽动叛乱和派系纷争。然而依伍德看，他最大的罪过似乎是没有在1662年归入国教。弗莱维尔的密友托特尼斯的约翰·加尔平（John Galpine），在他对弗莱维尔的回忆录中提到了三个特点，即他的勤奋、他对灵魂归信的渴望和他平和、治愈的灵性。除了弗莱维尔在自己的著作中记录的事件，还有一些关于他事工影响的精彩例子。卢克·肖特（Luke Short）是新英格兰的一名农民，已届期颐之年，却是精力过人，但他没有寻求与上帝的和解。一天，他坐在田地里反省自己漫长的一生，想起了他在远航来美国之前，小时候在达特茅斯听过的一次讲道。当他默想如此久远之前听到的信息时，在上帝的诅咒下死去的恐惧感便挥之不去。于是，在聆听约翰·弗莱维尔布道85年之后，他归信了基督。另一个奇妙的归信者是一位伦敦的绅士，他曾试图从一间书店买一些剧本。店主是个虔诚的人，因没有存货，他便推荐了弗莱维尔的专著《保守你的心》（On Keeping the Heart）。这位准读者当时不屑一顾，扬言要烧掉这本书。但他还是接过了书，一个月后回来说，上帝用这本书拯救了他的灵魂。

弗莱维尔是一个多产的作家，他的作品，无论是单行本还是选集，在其一生中再版多次。他的作品全集于1820年由贝恩斯父子（W. Baynes & Son）于伦敦再版，共六卷。虽然其中某些作品不乏争议，但作者坦言他发现这类作品不讨喜。他偏好实用神学，也正是在此领域，他作为一个灵魂医者的技艺最为光彩耀目。《神的作为或神的护理的奥秘之解》（Divine Conduct or the Mystery of Providence Opened）于1678年首次出版，现已发行了多个版本，最新一个版本是由主权恩典联盟（Sovereign Grace Union）于1935年出版的。现在的版本与原版在两个方面有所区别，对遣词和标点作了细微调整，并不是为了改变，而是使弗莱维尔表达的原意和观念更为清晰。此外，这份专著还被重新细分，并给出了新的章节标题。这些划分都是作者在处理主题时自然形成的。因此，就所有实际目的而言，弗莱维尔作品的内容没有改变，只是呈现的风格略有调整，为的是帮助现代读者。此举也许削弱了这一版本的学术性历史价值，但盼望对这一代读者而言，这一版本能大大提升其属灵内涵的实用性。

然而，即使认可约翰·弗莱维尔作为一位作家所具有的永恒的属灵价值，一些朋友也会认为，通过其关于神的护理的著作将他介绍给基督徒大众是不明智的。当然，让一位更年长的作家就并非一个他所处的时代所特有的话题来论述会更好。为什么不看看弗莱维尔关于个人布道、指引、或是在基督徒生活中实现平安与得胜的方法等相关方面的著述？毫无疑问，这些是我们这个时代当红的传道者们首要热衷的话题。这些是大多数基督徒希望阅读的主题。那么，我们为什么不去看看清教徒是否真的能帮助我们解决当前最紧迫的问题呢？作为回应，弗莱维尔和他的同工们无疑在这些问题上给出了建议。但他们的整体思路与我们惯常的做法形成了鲜明的对比。我们现代的虔敬，在处理属灵问题时，往往是以自我为中心和主观的："我怎样才能找到平安？我怎样才能得胜和产生果效？我怎样才能被引导呢？"如果我们知道这些问题的答案，便常常觉得无需进一步探究。在这样的观点范畴下，我们很少有时间和精力去考虑神的护理这样一个显然是理论性的问题。它甚至可能会激起一些不耐烦。就现代生活的需求来看，我们是否真的有必要花时间阅读这样并非属于优先事项的长篇论著？

弗莱维尔处理神的护理这一主题的方式，与我们现代的批判主义截然不同。他从一开始就坚持认为，信徒们有责任观察神的护理对于他们的全部作为，尤其是当他们身处困境中。显然，这一信念在当今的福音派基督徒中并不为大多数人所认同。追求发现和默想一切临于己身的护理之工既不是我们的传统，也不被视为灵性敏锐的标志。这可能有两个原因。首先且最重要的是，清教徒对神的主权有一种活泼的判断力，而这正是我们今天普遍缺乏的。许多基督徒在理智上反对，认为这与自由意志以及他们对神的爱的理解相抵触。当他们在个人事务或福音工作上受挫时，就完全归咎于魔鬼，或归因于他们自身未能满足相关条件而导致的失利。他们萌生出个人挫败的感觉，甚至可能相信神自己也已经受到了挫败。他们成功的唯一希望就是加强灵性操练。在这样的基础上的祷告与其说是向全能者祈求，不如说是把自己的重负扔进天平上神的那一侧。即使那些声称毫无疑问地接受神圣主权真理的人，也常常犯下实际不信的罪。轻率地断言"万事都互相效力，叫爱神的人得益处"相对容易，但当我们的处境糟糕且有愈演愈烈之势时，仍然相信这个说法，才是因神主权而灵性忧虑的明证。然而，除非我们从圣经中学习到神为我们成全诸事，否则我们便无法真正地认识和提升神的护理的运作。

我们不默想神的护理的第二个可能的原因，就是我们对默想有着极深的反感。而这无关性情。好独处或性格内向之人，相较于积极、忙碌的基督徒而言没有优势。真正的默想是一项我们天生不乐意的工作，但却是圣灵提醒那些有圣灵内驻、已信靠基督之人要去做的事。信徒们必须激励自己致力于默想神的护理的工作，但首先，他们必须认识到这是一种责任，并了解它所涉及的内容。

当约翰·弗莱维尔叙述神的护理时，他并不是简单地发表一篇演讲。他倾尽心力，写得扣人心弦。他从教会历史和个人经历中认识到神为祂的子民所成就的事。最重要的是，他深谙神的话语，并知道如何应用它。他展示了如何在我们的个人事务中辨别神的作为，避免神秘主义的滥言和怀疑主义的不信。他的著述旨在使人谦卑并高举神，但同时在每一个神的儿女心里点燃信心和崇拜。

在约翰·弗莱维尔的教导下学习神的护理，将带领基督的信徒们进入一个他们前所未见的领域。我们确信，这本书也会光照现今福音派教会的一些重大关切问题。我们怎样才能过上分别为圣和得胜的生活？让我们首先认识到，万事并非取决于我们。让我们看看神为我们属灵的益处所做的和正在做的，我们可能就会探索得晓神正在我们里面所做的工，以及祂如何引导。让我们铭记：在终极意义上，我们永远不可能脱离神的意志。弗莱维尔使我们懂得，神对我们的旨意是我们建立在祂的话语之上的责任。此外，我们应该对任何情况，甚至是最不利的情况，抱有正确的态度。最后，我们基督徒的见证不会像许多人所害怕的那样被削弱，而是会因对神主权的正确领悟而复兴。我们的神是何等伟大，比我们起初信靠祂的救赎时所认为的更伟大！人与神对抗是何等徒劳！若基督徒时时刻刻以自己的行为，表明他们对圣经中的神有永活的信心，将更利于把他们的神和祂拯救的大能，荐于一个不信的世界。

迈克尔·博兰德（MICHAEL BOLAND）
一九六三年二月

前言

我要求告至高的神，就是为我成全诸事的神。

（诗篇五十七 2）

神的伟大是荣耀且无法测透的奥秘。"因为耶和华至高者是可畏的。祂是治理全地的大君王。"(诗篇四十七 2) 至高神屈身俯就世人也是一个极深的奥秘。"耶和华虽高，仍看顾低微的人。"(诗篇一百三十八 6) 但当这两者相遇，诚如经上所记，它们就组成了一个无与伦比的奥秘。我们由此发现至高神为可怜而愁苦的受造之物广行万事。

对身处诸般苦难的圣徒而言，有充满智慧的圣灵高居万事轮转之上，管辖着最不可捉摸的受造物和他们最为有害的谋算，并将其转化为福乐之事，实在是极大的支持和慰藉。事实上，世界若是缺失神和神的护理，[1]住在其中便毫无价值。

我们在此事上的忧虑之深，可以从诗篇五十七篇向我们所描绘的大事记中体现出来。正如标题所示，这诗篇是大卫在洞里躲避扫罗时所作的。其上有一个双标题："休要毁坏（Al-taschith），大卫的金诗（Michtam）"。"休要毁坏"指的是范围，"金诗"则是指主题的尊贵。

前一标题意为"不要毁坏"或"不要有杀戮"。或许也言及扫罗，大卫嘱咐其仆人不要谋害他。或更可能，它指的是神。大卫于急难迫近之际，倾尽己心，向神发出激情的呐喊："休要毁坏"，"不要毁灭"。

后一标题"金诗"表示"一个金色的装饰物"，因此与诗篇中精选和出色的内容相契合，是要比毕达哥拉斯的金诗集（Pythagoras' Golden Verses）更配得这样的标题。

该诗篇的前半部分有三点值得注意：诗人极度危险的处境；他在绝境中向神发出的热切求告；他在求告中和神进行的申辩。

---

[1] 编注：本书将Providence一词统一译作"神的护理"。原书作者在多处将该词当作句子的主语或动作的发出者，为了与原文保持一致，译文也做了同样的处理，意为"神借着护理之工……"。

大卫的极端险境体现在诗篇的标题和正文中。标题告诉我们，这首诗是他在山洞里躲避扫罗时所作。这洞在隐基底的旷野，在野羊所住的碎石堆中，是一个幽暗荒凉的洞。即使在那里，扫罗因嫉妒寻索着他（撒母耳记上二十四1、2）。现如今他如同山上的鹧鸪一样长期被猎杀，似乎已落在网罗里。他的敌人在山洞外面，除此别无出路。随后扫罗亲自进了洞口，近在大卫及其随从藏身处的侧旁和溪弯处，他们实际上看见了他。可想而知，这时的情况是多么地极端和绝望。他很可能会说："我的性命在狮子中间，我躺卧在性如烈火的世人当中"（4节）。现在还有什么希望？除了即刻的毁灭，还有何指望？

然而，诗人并没有因惧怕而放弃自己的信仰和责任，而是在死亡的绝境中祈祷，并真诚地向神呼求怜悯："神啊，求祢怜悯我，怜悯我"（1节）。他创作这首伟大的诗篇时，所经历的一切足以让这个世界上最优秀的人惶恐不安。叠句表明了危险的极端性和恳求者的热切。怜悯，怜悯，唯有怜悯，以非凡的方式施展的怜悯，才能救他免于毁灭。

他在急难中为呼求怜悯所作的论辩是特别值得思量的。首先，他把对神的倚靠作为争取怜悯的论据。"神啊，求祢怜悯我，怜悯我！因为我的心投靠祢。我要投靠在祢翅膀的荫下，等到灾害过去。"（1节）他对神的信任和倚赖，虽然不是关于自身举动高尚性的论辩,但却关乎诉求对象的本质。一位怜悯的神,祂不会暴露任何投靠在祂翅膀荫下的人。也论到凡投靠祂寻求庇护之人必得保护的应许:"坚心倚赖祢的,祢必保守他十分平安,因为他倚靠祢"(以赛亚书二十六3)。因此,他思想他所信靠的神,便备受鼓励。

他以过去困苦中蒙神帮助的经历为由,激发当下困境中的希望:"我要求告至高的神,就是为我成全诸事的神"(2节)。

从这段经文中,我会考虑两件事:决心履行的职责,以及对决心的鼓励。

决心履行的职责:"我要求告至高的神"。求告至高的神不仅意味着祈祷,而且意味着强烈及热切的祈祷。求告是以敬虔的热情祈祷,这通常会加速祷告蒙应允(诗篇十八6;希伯来书五7)。

对这一决心的鼓励来自神的主权:"我要求告至高的神"。此时,他就在极度危难中将自己的信仰付诸行动。扫罗在高处,但神为至高。没有神的许可,他确信扫罗碰都不能碰他。无人可以帮助他,如果有,他知道神必须首先帮助那些帮助者,否则他们无法提供帮助。他面前没有任何防御或逃跑的手段,但至高者并不受限于手段。这是信仰的唯一支柱(诗篇五十九9)。

迄今他对神的护理的体验即:"求告为我成全诸事的神"。

这个我们翻译为"成全"的词所源自的词根，其涵义既代表完全，也表示结束或停止。因为当一项事务执行并完成时，代理人就会结束和停止工作。上主已经把之前所有令他疑惑和难解的事务都带入了如此快乐的结局，这给予他鼓励，神依然会施恩典，并完美解决他现在所担心的事。正如他所说："耶和华必成全关乎我的事"（诗篇一百三十八8）。

七十士译本诗篇五十七章2节："广行善事者拯救了我"（'The well-doer saving me'），"祂使我获利或获益"（'who profits or benefits me'）。神的护理的所有果效和作为都是于圣徒有益的，这是一个确定的事实。但我们的这个译本中的补充很好地传达了这段文字的神韵："成全诸事"。它涵盖了对神的护理最严谨、恰当的理解：即神对祂的百姓所行使的，唯有仁慈的旨意和应许。因此，瓦塔布卢斯(Vatabulus)和米乌斯(Mius)用"祂所应许的"来填充原文的简洁之处，如此："我要求告至高的神，就是成全祂所应许之事的神"。兑现就是应许的成就。恩典作出应许，而神的护理来兑现。

皮斯卡托（Piscator）这样说："求告施展仁慈和怜悯的神"。但它仍然预设所施的怜悯包含在应许中。怜悯在应许中是甜蜜的，在神对我们的护理中更是如此。

卡斯塔利奥（Castalio）的补充更接近我们的理解："我要向至高的神呼求，向掌管我事务的神呼求"。

神替他掌管或为他成全诸事，这是对他信心的极大鼓励。在他遇到过的任何一个困境中（他的一生经历过诸多困境），神的护理从未令他失望，尽管当前的困境是异乎寻常且前所未有的，他有理由期待神不会令其失望。

让我们将思想更贴近圣经一点，它会给我们一个合理且美好的前景，即神的护理对圣徒的事务及牵挂所施的影响是普遍、有效、有益和鼓舞人心的。

这一表达引入了神的护理对关乎圣徒的所有事务及利益的**普遍性**关注及影响。神的护理不只是经手这件事或那件事，而是所有关乎他们的事。它关注着圣徒一生中的每一件事，从始至终。不仅是那些重大且更要紧的事情，连我们生活中最琐碎、最普通的事情也是经由它来处理和掌管。它触及所有牵动我们的事，无论亲疏远近。

经文展示了神的护理影响的**果效**。神的护理不仅开始而且成全了关乎我们的事。它按照计划，成就起始之工。没有什么困难能妨碍它，没有任何冲突事故可以拦阻它，它将其计划践行到底。它的运转不可抗拒且无法遏制，祂为我们成就这事。

并且，神的护理的所有成就和结果对圣徒都是极为**有益**的（想到便觉得甘甜）。它为他们成全诸事。我们的确经常过早判断它的工作，不公正地指责它的计划。在诸多的困境与烦恼中，我们说："一切都于我们不利"。但事实上，神的护理既不会也不可能做任何违背圣徒真正利益的事。除了执行神的旨意和成就祂的话，神的护理还有其他职责吗？这些正是神的护理所做的工作。在神的旨意和应许中，除了给圣徒的益处，再无其他。因此，无论神的护理为他们做了什么，一定是（正如经文所言）"为他们成全诸事"。

若是这样，在任何危难的时日里思想这些事情，**该是多么令人备感欢欣、支持和鼓舞啊！**

当重压在我们身上时，它将用什么样的活力和盼望来激励我们的心灵和祈祷！于情于理，诗人当时的处境是凄凉和绝望的，和毁灭之间只有毫发之差（如我们所言），但它带给了诗人极大的鼓舞。

一个强大、暴怒的宿敌把他赶进了一个岩洞，然后进到洞里追杀他。而现在，当他的性命在狮子中间，当他躺在岩石缝中，随时都有丧命的可能时，思想至高者从起始到那一刻对他所施的仁慈，支撑着他的灵魂，给他的祷告带入了希望和生命："我要求告至高的神，就是为我成全诸事的神"。

从经文中你可以得出这一条教义：

回顾神的护理在他们生活的各种情形和生命的所有阶段中为他们所行的，是圣徒的责任。特别是在困境中。

教会在一切怜悯之工上，都仰赖神的手参与："主啊，我们所做的事都是祢给我们成就的"（以赛亚书二十六 12）。在他们那个时代，临于其身的较为著名和非同寻常的神的护理之工，保存那些记忆，作为宝贵的财富，是历代圣徒虔心且持续的追求。"如果你真是一名基督徒，我知道你有许多珍贵的恩惠记录在案，若不在你的书本上，也必然在你心里。对它们的回忆和重温是甜美的，那真实的享受中的甘甜更是胜出不知凡几？"[2] 于是，摩西在神的带领下作文一篇，记念那次在亚玛力人身上的得胜是出自祷告的果效和回应。并在那里筑了一座祭坛，上面写着**耶和华尼西：**"**耶和华我的旌旗**"（出埃及记十七 14、15）。为要竭力使人永远记念脱离哈曼的谋算，得蒙拯救的经历，于是，末底改和以斯帖定普珥节为纪念日。"各省各城、家家户户、世世代代、记念遵守这两日，使这普珥日在犹大人中不可废掉，在他们后裔中也不可忘记。"（以斯帖记九 28）为此，你会发现某些诗篇的创作是"为作纪念"（诗篇七十，标题）。你会发现父母给他们的孩子起一些相宜的名字，这样每当他们看到孩子的时候，就会想起神的恩慈（撒母耳记上一 20）。你会发现那些神非同寻常的护理出现的地方，被赋予一个新的名字，不为别的原因，只为了永久纪念使之更新的甜美护理之工。伯特利因此得其名（创世记二十八

---

[2] 巴克斯特《圣徒的永恒安息》（Baxter's Saints' Everlasting Rest）。

19）。在那口井旁，天使及时使在急难中的夏甲复苏。因此那井被称为庇耳拉海莱："永活的看顾我者的井"（创世记十六 14）。是的，圣徒已然记下，神也在这记述上使自己承受新的称谓。由于这个原因，祂被认为是亚伯拉罕的**耶和华以勒**以及基甸的**耶和华沙龙**。有时你会发现耶和华自称是"把亚伯拉罕从迦勒底的吾珥领出来的神"、"领他们出埃及的耶和华"或是"从北方聚集他们的耶和华"。所为的是提醒他们祂在那些地方为其成就的满有恩典的护理之工。

关于神的护理之工，有以下两层反思。

其一是整全的，存于它整个复杂而完美的体系中。这美满的景象是为完全之时预备。在神的山上我们会同时看见旷野和迦南地，就是我们所要进入的荣耀国度，以及我们到达那里的必经之路。在那里，圣徒们会看到它迷人的全貌。并且每一组成部分都因其特定的功用，醒目可辨，且相互关联，有条不紊、卓有成效地成就了神圣的救恩计划。正如应许所记："我们晓得万事都互相效力，叫爱神的人得益处，就是按祂旨意被召的人"（罗马书八 28）。因为可以肯定的是，比起让海上的船保持位置精确的引航罗盘，那应许更能使神的护理不偏不倚，那应许就是它的指针和北极星。[3]

---

[3] "当永恒的账目公之于众，那深邃智慧的一切谋略和成就将被审视。当它被查验时，它将如何传播。看那，

另一种景象是局部且不完美的。我们在通往荣耀的路上，只能从其单一动作里，或者至多在某些分支和更可见的一系列动作中看见它。

这两者之间的区别，就像手表上脱节的齿轮及散落的指针组成的画面，有别于在表框里统一有序运转的手表零件的整体画面。或是一名无知的普通观察者和一位术业精通的解剖学家之间的区别。前者所看到的是一具被解剖的身体上较明显的血管或关节，而后者能按着血管分支走向辨别出身体的各级静脉和动脉，并能清楚地知道每一条血管和动脉的正确位置、形状和用途，且彼此相谐。

哦，我们若能看一眼神的护理的整体蓝图，以及我们在今世尚无法理解的每一个举动的恰当位置和用途，那将是多么迷人和令人愉快的景象啊！基督曾对彼得说的话适用于某些关乎我们的神的护理之工，正如它适用基督的某些举动一样："我所做的，你如今不知道，后来必明白"（约翰福音十三7）。面对所有这些模糊、复杂、令人费解的神的护理之工，我们时而为之恼怒，时而为之惊奇。我们既无法使之与应许联系起来，它们彼此之间也互不调和。而且我们如

这蓝图就此展开，事物之间恰当的关联和绝妙的互补，当被付诸于时间的舞台上时，似乎是如此地错综复杂"（赫威《义人之福》）(Howe, Blessedness of the Righteous)。

此不合宜地谴责和悲恸，仿佛它们完全与我们的幸福相悖。不，我们应看到对我们而言，它们正如那旷野的艰难路程之于以色列人一样，是"通往居住之城的正道"（诗篇一百零七7）。

然而我们现在相较于将来在天国中，对神的护理的看法和回应是如此短浅和不足。尽管它目前有种种缺欠，但其中也有许多美善和甘甜之处。因此我会称之为小天堂，或者如雅各称伯特利为"天的门"。这无疑是一条在今世与神同行的大道，一个人可以在神的护理中与祂有甜蜜的相交，如同在祂的一切典章中一样。看到神的护理的智慧和意外之作，有多少次目击者的心融化成喜悦的泪水！当他们认真地回忆起他们生活中的大事小事时，有多少次他们会深信，如果神让他们随从自己的计谋，他们就算不是自取灭亡，也常常是自我折磨！如果神的护理像他们一样短视的话，有多少次他们会让自己陷入怎样致命的灾难之中啊！他们衷心地感谢神的护理看重他们的益处过于他们所强求的，从而让他们不至于在自己的欲望中灭亡。

第一部分
神的护理的明证

第一章
对圣徒的护理之工

首先，我将着手证明和辩护这一伟大真理，即圣徒在世的事务必然被神特别护理的智慧和看顾所引导。我乐意在其中尽己所能，持守神的护理之所嘱。正如圣经经文所言，它在我一生之中"为我成全诸事"。

根据神的护理的双重目标和实施方式，有以下两层考虑：一种是就其普遍性而言，行使于所有受造物，理性和非理性的，有生命和无生命的；另一种是就其特殊性而言。基督有一个统管万有的普世帝国（以弗所书一22）。经由统治，祂是全世界的君王，但藉着合一和特别感化，祂是教会的元首（约翰福音十七2）。祂是"万人的救主，更是信徒的救主"（提摩太前书四10）。教会在祂的特殊护理和管辖之下。祂为了教会的益处统管世界，正如为首的虑及全体的福祉。

异教徒通常否认神的护理，这不足为奇，因为他们否认有神，而在同一论辩中，往往是彼此互为佐证的。亚里士多德（Aristotle），异教徒哲学家之首，以其理性探索之极限，也无法认识到世界如何起源，因此推断世界是从永恒而来。在某种程度上，伊壁鸠鲁派（Epicureans）确实承认有神，但否认神的护理，不认为祂对世界事务有任何兴趣或关注，因为被治理所需的劳心费力牵引拖累，与神性的福乐和宁静相悖。这一主张是如此违背常理，他们没有为其荒谬而抱愧，这真是一个奇观。但我猜个中之因，其中之一【根据西塞罗（Cicero）】用宽泛的语言表达出来：Itaque imposuistis cervicibus nostris sempiternum dominum, quem dies & noctes timeremus. Quis enim non timeat omnia providentem, & cogitantem, & animadvertentem, & omnia ad se pertinere putantem, curiosum & plenum negotii Deum?（若是如此，你已将我们置于一位永恒主宰的统治下，这会让我们日夜担惊受怕。谁会不惧怕一个整日察三访四的好事之人，更何况一位供应、筹划和鉴察万有，并且认为万事皆在其份内的神？）他们预见对神的护理的让步会给他们的颈项施加永久的枷锁，让他们对自己所做的一切向更高的法庭负责，因此他们必须"存敬畏的心度在世寄居的日子"。同时在一位监察万有、行事公义的神所做的备案里，他们所思、所言、所行都被严格地关注并记录下来。因此，他们努力说服自己，他们所不接受的事实不存在。但是这些无神论和愚昧的妄言，在这一伟大明晰真理之不可置否的证据面前就落空了。

这里，我并非旨在应对那些自诩为无神论者，他们否认神的存在，并因此嘲笑源自圣经中为使呼求神的百姓蒙受恩典而发生的非凡事件的所有证据。我旨在说服那些自称拥有这一切、却从未亲身经历过信仰的人，那些至少是怀疑，所有这些我们称之为对圣徒的特殊护理之事，只不过是自然事件或仅是偶然的人。因此，虽然自称拥有神和神的护理（此宣信只是他们受教育的结果），但同时他们却过着无神论者一般的生活，他们的所思所行如同这些东西并不存在。事实上，我担心这一代人中的绝大部分都是如此。

但假如果真如此，整个世界的事务，尤其是圣徒的事务，并非在神的护理的掌管之下，而是如他们企图说服我们的，是基于自然因素的常规运行。而在这些自然因素之外，若是我们在任何时候观察到一些不合常规的事件，那只是出于无意和偶然的，或者是源于自然中某种隐藏和未知的原因——假若果真如此，让那些对这一说法动心的人，对以下问题给出一个合理的答案：

为何如此多非同寻常的怜悯和拯救降临在神的百姓身上,超越自然因素的力量且有违其进程,使自然进程中出现明显的搁置和停止?

任何自然效应都不能超出其对应的自然因素的能力,这再显然不过。凡物所给不能超过其所有,同样显而易见,凡行之自然,亦行之必然。火燃尽其所能,而水没其所能覆。狮子和其他贪婪而残忍的野兽,尤其是在饥饿之时,便撕碎并吞食他们的猎物。有理性的专横之人也会按照他们本性中的动因和法则行事。当一个恶人心中定意、志在必行的时候,如果他手中有权力和机会来实施他的恶谋,就一定会发泄出来,实施他心中的恶计。按照自然进程,心既怀了毒害,"因奸恶而劬劳",他必须"使其发生"(诗篇七14)。但如果在没有天然的障碍或拦阻的情况下,这些残忍、恶意、必然败亡的人中止了他们的恶行,当恶果将至,恶谋将临时,他们虽是心中有意,却无法为害,在你看来这一切因何而其呢?然而此类情况,在历史上一些危险和邪恶即将临近神所顾念的(人和事)时经常出现。红海自行从中分开,两边立起如垒,给神困苦的以色列民提供一条安全通道。这一切并非发生在宁静中,而是在波浪砰訇之时(以赛亚书五十一15)。当火浪翻滚、热到极点时,火舌连远处准备行刑的刽子手都吞灭了,与此同时,却无法烧焦神忠心的见证人一根头发(但以理书三22)。是的,我们发现火焰有时足以吞噬身体，却没有带来痛苦。正如蒙福的贝因汉姆（Bainham）的那众所周知的例子里，他告诉他的敌人："火焰对他来说就像一张玫瑰花床"。当但以理被扔到狮子中间沦为猎物时，饥饿的狮子一改残暴的天性，变得温顺无害。我们所了解的关于坡旅甲（Polycarp）和亚略巴古的丢尼修（Dionysius the Areopagite）有类似的记述：他们挺身而立，火焰不沾其身，如同船夫在他们四围的风中行驶。

这些事情是否符合自然的进程和规律？它们可以归因于何种神秘的自然因素？同样地，我们发现最为邪恶、凶残的恶人被一只无形的约束之手拦阻，无法加害耶和华的百姓。耶罗波安向神人伸手的时候，手立刻就枯干僵硬，是出于什么奥秘的缘由呢（列王纪上十三 4）？若不是神的护理的制约，野兽撕碎并吞食猎物的凶残也不及恶人杀害住在他们当中的神的子民。因此，诗人用如下经文来描绘他所处的境遇："我的性命在狮子中间，我躺在性如烈火的世人当中"。门徒被差遣"如羊进入狼群"（马太福音十 16）。在这种情况下，反对那些神迹奇事仅仅依赖于圣经的见证无济于事，无神论者并不为之信服，因为除了那些可以被宣称为见证的权威之外（对于拥有它的人来说，这非必要），今天每个人都能看见或可能看见的还少吗？我们岂没有看到一小群虚弱、手无寸铁之人，在强大、暴怒和骚乱以及想要毁灭却无法毁灭他们的敌人中间，异乎寻常且莫名其妙地被保守存留，然而没有任何自然因素可以解释其中的缘由？

如果这使我们困惑，当我们看到那些意欲对神选民行毁灭之事的谋算和举动，最终却于他们有益，我们又该说些什么呢？这些事并不符合他们敌人的意图，也不符合他们自己的期望。然而，类似的事在世上并不罕见。约瑟弟兄们的嫉妒，哈曼的咒诅计谋，因众权贵的嫉妒所引出的谋害但以理的法令，连同许多其他同类的事情，莫不都被隐秘奇妙的神的护理之手翻转过来，变为对他们更大的提升和益处吗？他们的仇敌使他们升高，达至他们所拥有的一切尊荣和高位。

若圣徒的事务不是由特别而非凡的神的护理所掌管，应如何解释自然因素自行整合联结，被发现以奇特的方式呈现，给圣徒带来安慰和益处呢？

显而易见且不可否认的是，神的护理所展现的看似奇妙的诸般巧合，彼此联络、相互效力，使神的选民得着益处。每当有益于教会福祉的工作登上世界舞台，同时便有类似事物不约而同的出现。正如当弥赛亚，那位满有怜悯者来到圣殿时，西面和亚拿被神的护理带来为此做见证。同样在宗教改革时期，每一个城镇都被同一种热切的灵充满，荷兰境内对雕塑（偶像）的拆毁工作因此在一夜之间完成。仔细阅读约瑟晋升为埃及宰相之历史的人，在该故事中可能会列出约瑟得以实现荣誉和权威，在于十二个明显的神的护理的作为或步骤。如果其中任何一步出错，那么整件事十有八九也会失败。但每一步都按其次序发生，准确地出现在相应的时间和地点。同样地，从会众摆脱哈曼的阴谋这整件事中，我们发现至少有七个神的护理的作为以一种不可思议的形式促使其发生，仿佛是如约而至，一致为打破哈曼的网罗。每件事都是如此及时且互为铺垫，以至于任何细心的观察者都必须得出结论：这不是出于偶然，而是智慧的谋略。即使在观察人体的精确结构时，各肢体和血管的形状、位置以及相互关联，也令一些人相信并足以说服所有人，这是神的智慧和大能的作品。类似地，如果仔细考量为怜悯神子民所行的令人叹为观止的手段和工具，人们只能承认神的护理商店中有着各式各样的工具，且被使用在一只技艺最为娴熟的手中。正如若是缺乏熟练的工匠，斧头、锯子或凿子就无法将粗糙的木料切割或雕刻成美丽的形体，同样，这些工具也靠自己无法展现出这样的效果。

通过各种各样的事例，我们发现，人与事物之间肯定存在着一些强力的结合和倾向，为教会的益处带来一些议题和设计，这却是他们自己从未想过的。他们没有召开会议，也没有彼此交流想法，但却相互汇聚、共同做工。这就好像十个人在同一时间、同一地方、为着同一个事情聚在一起，而他们彼此之间事先并未约定。谁还会质疑如此方式的聚集必然是（尽管是秘密地）在一位不可见的智者的掌管下？

倘若神子民之事不受神的特殊护理之工的管理，为何摧毁他们最行之有效的手段归于无有，而保护和安慰他们的最软弱无力的手段却大获成功呢？

若事物完全被自然进程所左右，这事则绝无可能。如果我们以自然法则来判断，我们必然得出结论：手段越合适、有力，它们就必越成功、繁荣。当它们笨拙、无力、被轻视时，就毫无指望。若基于自然法则，理性自然如此推断。但神的护理如同雅各在祝福约瑟的两个儿子时所做的，双手交叉，命定了截然相反的结果。好比法老藉用强权和深谋来摧毁神的以色列民时，从理性眼光来看，如同干裂的荆棘无法避免烈焰的吞噬，神的百姓也无法幸存。这种象征所表达的是他们奇迹般的幸存，荆棘被火烧着，却没有烧毁（出埃及记三2）。使世界为之颤抖并臣服的诸多异教徒罗马皇帝，竭尽全力反对贫穷、赤裸、无力自卫的教会，试图将之毁灭，却未能实现（启示录十二3、4）。哦，野蛮的罗马在十次逼迫中大肆屠杀，流血成海！然而教会存留了下来！当龙将权力交给兽（启示录十三2），即罗马帝国成为敌基督时，这兽在他所有的统治领域行了怎样的杀戮，以致圣灵称他喝醉了圣徒的血（启示录十七6）。然而，这一切都不能得逞。地狱之门，即阴间的权势和计谋，无法胜过它。神的护理的看顾和能力在此得到了何等的彰显！即使是这能力的一半被用来对付其他任何人，也定会在即刻中将他们吞噬了。或只需其百分之一的时间，就可使他们疲于奔命、消耗殆尽。波斯帝国何等迅速地被希腊人吞并，并且又再一次被罗马灭国！戴克里先（Diocletian）和马克西米努斯（Maximinus）在他们施加迫害最盛时，发现自己被神的护理所拦阻，以至他们都请辞隐退。但在这种奇妙的保护中，神实现了这一应许："要将所赶散你到的那些列国灭绝净尽，却不将你灭绝净尽"（耶利米书三十11），并且"凡为攻击你造成的器械，必不利用"（以赛亚书五十四17）。

相反，许多看似软弱无力的方式成功地给教会带来了极大的益处！当基督教最初在世界上广传，正是藉着何等软弱、看似无用的器皿！基督并没有拣选雄辩家或是王室当权者，而是十二个卑微的工匠和渔夫。他们不是以团队的形式被集体差派，而是有一些去征服一个国家，一些去到另一个国家。从表面看，这是可以想象到的最为荒谬可笑的计划了。然而在短短的时间内，福音在多个国家中被他们广传，教会在其中被建立！被先知的灵所感的诗人这样说："祢……从婴孩和吃奶的口中，建立了能力，使仇敌和报仇的闭口无言"（诗篇八2）。在公羊角声中，耶利哥城就被交付在以色列人手中（约书亚记六20）。凭着三百人拿着瓶和火把，使米甸大军受挫（士师记七19）。困于法国贝济耶的新教徒是被一个醉酒的鼓手解救。

午夜，这个正去往他营房的鼓手，不知不觉中敲响了小镇的警钟。而就在那时，新教徒的敌人刚发动攻击。从整体上看，软弱、看似无用的器皿给教会带来成功，同样地，也成功地保护了特定的教会成员。蜘蛛通过将网织在烤炉口上，让基督的仆人杜穆林（Du Moulin）避开了仇敌，使他在那场血腥的巴黎大屠杀中幸免于难。一只母鸡持续多日定时把蛋产在他藏身避害的地方，使他又支撑了许多天。诸如此类的例子不胜枚举，但这一真理太过清晰明了，以至于这样的见证于历世历代都显而易察。当我们看到摧毁教会最行之有效的手段归于无有，而给教会带来益处和兴盛的最愚拙、不值一提的方法却大获成功时，我们岂不只能承认有一个神圣且特殊的神的护理掌管着这一切？

倘若万事皆受自然进程和自然因素的力量所支配，那又怎么解释，好比当一个木球撞击另一个时，正沿着凶险之路全速驱使的人，却从其中转离呢？

好人常常有可能遭遇灭顶之灾，却对此毫无预知。但神的护理在途上与他们相遇，并通过奇特的干预来保护他们。直到事态明了，他们才理解其义。保罗被囚在该撒利亚的时候，大祭司和犹太人的首领求非斯都把他提到耶路撒冷来，因他们已在路上埋伏要杀害他。非斯都虽不知情，却断然拒绝，宁愿选择和他们一起去该撒利亚，在那里审判保罗。这一干预使得他们的血腥计划受挫（使徒行传二十五3、4）。

波西多尼乌斯（Possidonius）告诉我们，在奥古斯丁（Augustine）的生平里，这位好神父，计划去教导某个镇上的人们，带着一个向导给他指路。向导记错了惯常的路，无意间走上一条小道。奥古斯丁藉此从血腥的多纳图派手中躲过一劫。原来他们知道他的计划，遂在半路埋伏，意图杀害他。

同样令人难忘和深感奇妙的是恶人在试图施展他们心中谋算的恶行时所遇到的困难和干预。拉班和以扫对雅各心怀恶意，但他们一靠近雅各，管制的镣铐就即刻套在他们手上，以致他们的筹划无法展开。巴兰为要得到奖赏，贪婪地跑去诅咒以色列民，却从起始就遇到了一次意想不到的制止。虽然这并没有使他罢手，而是想尽一切办法加害以色列人，但仍然发现自己被一种无法摆脱的力量所约束（民数记二十二25、28）。大祭司的猎犬扫罗，嘴中呼出的是对教会的威胁，携带着血腥的委托前往大马士革，要把基督可怜的羊群拖到宰杀之地。但当他将近目的地时，在途中遭遇了意外的拦阻。使其不仅调转恶计，自己也皈信了基督（使徒行传九 1-4）。谁能在这些事情上看不到神的作为呢！

倘若没有一个统管万有的神的护理，使万事相互效力，为让神的百姓得益处，那些今世加于他们的善举或恶待又何以使相关的人受到相应的回报呢?

对神的百姓所行的善和利，都会得到充分的回报，这对于每一个人的查考而言都是多么地清楚可见啊！埃及的收生婆不肯听从法老非人道的命令，救了以色列的男孩，为此"神便叫她们成立家室"（出埃及记一21）。书念妇人以好客、细心待以利沙，神便赐下一子，使她喜乐满足（列王纪下四9、17）。喇合藏了探子，就被豁免，不致于和耶利哥城一同灭亡（希伯来书十一31）。在保罗遭遇海难后，马耳他岛长部百流礼遇款待保罗，神便迅速报答他的善行，医治了他当时身患热病和痢疾卧床的父亲（使徒行传二十八7、8）。

同样，我们发现向神子民行恶事的仇敌，也得到了公正的惩罚。法老和埃及人残酷欺压神的以色列民，设计杀害他们可怜无辜的婴孩，相应地，耶和华在一夜之间击杀了埃及所有头生的（出埃及记十二29）。哈曼为义人末底改立起五十肘高的木架，神却令哈曼和他的十个儿子被挂其上，他实在是自食其果（以斯帖记七10）。亚希多弗密谋攻击大卫，他出谋划策如同发预言，要使大卫灭没。不料这一计谋如同一把过度负载的枪，反冲自己，导致了他的灭亡。看到自己的良谋被拒绝（良在政治，而非道德），他便很容易猜出了结局，以及他自己的命运（撒母耳记下十七23）。

查理九世（Charles IX）行事惨无人道，使新教徒的血流淌在巴黎运河上，而在他惨遭死亡之后，他的血从身体各处流出。斯蒂芬·加得纳（Stephen

Gardiner）把神亲爱的众仆人烧成灰烬，他自己则因一种可怕的炎症身体焦枯，舌头发黑，悬于嘴外，在可怕的折磨中结束了他悲惨的日子。马克西米努斯（Maximinus），那个在黄铜上刻下宣言，要彻底废除基督教的残酷皇帝，像希律王一样，被可怕的审判迅速击打。成群的虱子侵蚀他的内脏，引发恶臭，以至他的医生无法忍受靠近他身边，最终因拒绝这样做而被杀。可以轻易地举出成百上千个类似的案例，以证实这一观察。谁还不能从这些事看出，"实在有一位审判全地的主！"

　　神的护理对教会的仇敌所施行的惩戒是如此确切，不仅是临到同样的人，也包括扮演作恶器具的肢体，都成了神忿怒的对象。耶罗波安伸出来要击打先知的那只膀臂，同样被神击打。当奥勒良皇帝（the emperor Aurelian）准备签署法令，迫害基督徒时，他的指关节忽然痉挛，不能写字。格林希尔（Greenhill）在解读以西结书十一章13节时告诉听众，当时在会众里有人亲眼目睹，一个女人因嘲弄另一个女士的纯良和圣洁，舌头随即瘫痪，两天之内就因此死了。法国的亨利二世（Henry II）对一位新教的谋士大发雷霆，把他交给一位贵族监禁，并说："他会亲眼看到自己被烧死"。但是，请注意神公义护理的作为，几天后，正是这位贵族，手持御赐的长矛，在行进中意外刺进了这位国王的一只眼睛，致其暴毙。

是的,神的护理将曾经的犯罪之地变为刑罚之地:"狗在何处舔拿伯的血,也必在何处舔你的血"(列王纪上二十一 19)。事就如此应验了(列王纪下九 26)。这样,陀斐特就成了犹太人的葬身之地,直到无处可葬,这正是他们把自己的儿子献给摩洛的地方(耶利米书七 31、32)。福克斯(Foxe)所讲述的南丁格尔(Nightingale)的故事广为人知:他是怎样在滥用圣经(约翰壹书一 10)时,从讲台上摔下,折断了脖子。因此,神的护理成就了圣经的应许。"挖陷坑的,自己必掉在其中;滚石头的,石头必反滚在他身上。"(箴言二十六 27)"你们用什么量器量给人,也必用什么量器量给你们。"(马太福音七 2)

如果依然有人说这些事可能出于偶然,教会成千上万的仇敌在安然中死去,他们的结局和他人并无不同,我们就用奥古斯丁的话来回答:"若没有罪被惩罚,神的护理就不可信。若世上所有的罪都受到惩罚,就没有审判可期待"。但是,为了不让任何人认为这些事件纯属偶然和意外,我们将做进一步考证。

如果这些事情纯属偶然,它们又如何在所有细节上与圣经如此准确地对应并吻合呢?

我们读到:"二人若不同心,岂能同行呢?"(阿摩司书三 3)。如果两个人沿着同一条路行走,很可能他们达成共识去同一个地方。神的护理和圣经都走同一路径,如果他们在任何时候似乎朝着不同的或相反的方向，请确信他们会在旅程的终点相遇。他们之间有一个如此行的约定。

神是否奇迹般地限制了自然因素的力量？为什么呢？这并非事出偶然，而是与经文吻合 "你从水中经过，我必与你同在；你趟过江河，水必不漫过你；你从火中行过，必不被烧，火焰也不着在你身上。"（以赛亚书四十三2）

自然因素是为了神的百姓的益处而自行整合联结吗？为何如此呢？这都包含在应许的范畴内，无非是应验圣经上所说："全是你们的，并且你们是属基督的"（哥林多前书三22、23）。也就是说，万事万物都为你们效力，满足你们所需。

看似用以毁灭他们所采用的最行之有效的强大手段是否受挫？谁能不认识到圣经在神如此的护理中被应验并阐明（见以赛亚书八8-10，五十四15-17；列王纪下十八17的阐述，等等）！

你们是否在任何时候看见神的护理的阻碍保守义人免于陷入不幸，或拦阻恶人行恶？如此神的护理在何等大声地宣告圣经的真实性和必然性。经文告诉我们，"人的道路不由自己，行路的人也不能定自己的脚步"（耶利米书十23），"人心筹算自己的道路，惟耶和华指引他的脚步"（箴言十六9）。

你们是否看见那些伤害神的百姓，或是与之友善的人，均得到了充足的回报？为何如此？当你们注意到一切对圣徒所施与的善意和爱心得到连本带利的回报时，必然会看到这些经文在如此护理中成就，此外别无他解！"高明人却谋高明事，在高明事上也必永存"（以赛亚书三十二8；哥林多后书九6）。

当你看到恶人已经或意欲对神的百姓所行的恶报应在他们自己身上，他真是完全瞎眼，没有看到神如此的护理与诸多经文间的和谐一致，如诗篇七章14-16节，九章16节，以及一百四十章11、12节所述。

哦，神的护理和圣经，何等契合！这是人们极少注意到的。若不是为应验圣经（以赛亚书四十五13），居鲁士为什么背离了国家既定政策的所有规则，自愿遣散俘虏？因此，有人很好地观察到，"神把天空或苍穹铺展到自然界上，祂也将祂的话语延伸到理性世界之上"。正如地上的受造物受到这些天体的影响，世上凡有血气的也都受到神话语的影响。并且在他们打算阻挠时，也必然使其应验无误。

倘若这些事物纯属偶然，那它们怎么会在关键时刻这般隆重登场，对凡查考之人如此显而易见？

我们发现许多神的护理之工都恰逢其时，它们若是出现或早或晚一些，所起的作用与现今的相比都是无足轻重的。当然，这绝非偶然，而是及时执行的决策。意外事件则是毫无章法。

诸如此类的标志性例子如，"非利士人犯境抢劫"（撒母耳记上二十三27）的消息达于扫罗，这恰逢他正要擒住猎物之时！正当亚伯拉罕欲伸手对以撒施以致命一击时，天使呼唤他，并指给他另一个祭物（创世记二十二 10、11）。夏甲因为不忍见孩子死，正离开孩子的时候，就看见一口水井（创世记二十一 16、19）。当拉伯沙基预备攻击耶路撒冷时，被神的护理拦阻，他听见风声，计划就受挫（以赛亚书三十七 7、8）。当哈曼谋害犹太人的计谋成熟，一切就绪待执行时，"那夜王睡不着觉"（以斯帖记六 1）。当有角要刺到犹大之时，有匠人即刻预备打散那角（撒迦利亚书一 18-21）。

当拉罗谢尔港（La Rochelle）的居民已经认命要死在饥荒中时，有鱼群来到了港口，这是多么不可思议的拯救啊！此事前所未见，后亦未闻！有一天晚上杜德（Dod）先生无法入眠，尽管不合时宜，当时却有一种强烈的冲动去拜访一位邻居绅士。他刚到那里，便在门口碰见了那位绅士，其口袋里揣着一条绳索，正要自缢。在爱尔兰叛乱时，泰特博士（Dr. Tate）和他的妻子带着一个尚在吃奶的孩子在树林中逃亡，而当时这孩子即将断气。母亲正准备把孩子安放在一块岩石上时，手碰到了一瓶温牛奶，孩子因此而存活。我从一名善良的夫人口中得知，在她极其窘困、供给断绝的境地时，因看不到供应从何而来，陷入到极度不信的怀疑和恐惧里。瞧！就在这时，正当她翻动某个箱子里的东西，意外地发现了一块金子。这块金子供给了她当时的需要,直到神为她开了另一扇供应之门。倘若这些事都出于偶然,它们到来的时机怎么会如此的精确,诚如圣经金句所言:"在耶和华的山上必有预备"(创世记二十二14)。

最后,倘若这些事出于意外和偶然,它们的出现怎么总是紧随着并相谐于圣徒的祈祷呢?所以在许多神的护理之工当中,他们能够分辨出这是对其祷告的清晰回应,并且确信正是他们所求的(约翰一书五15)。

因此,当以色列人向天呼求,海水就分开(出埃及记十四10)。所以,当亚撒呼求耶和华说:"耶和华我们的神啊,求祢帮助我们",神就立时让亚撒大大得胜(历代志下十四11、12)。亚希多弗自缢之时,正是急难中的大卫向神祷告之时(撒母耳记下十五31)。就在末底改和以斯帖禁食的时候,哈曼败亡、其恶谋破灭(以斯帖记四16)。斯皮德(Speed)在他的《大不列颠史》一书中告诉我们:理查德一世(Richard I)用军队围困一座城堡时,人们就提出若国王愿意免他们一死,便会投降。但是他拒绝了,并威胁要绞死所有人。在这种情况下,一个弩手[1]给手中的弩上了一支方箭,并先祈祷神能引导他所射出的箭,把无辜的人从压迫中解救出来。这只箭随后射中

---

[1] 编注:原文是"arbalester",意为弩手(Cross-bow-man)。

了国王，致其死亡，人们随之获救。亚伯拉罕的仆人祈求神叫他所行的道路通达，且看看神是如何回应（创世记二十四 45）。彼得被下在监里时，教会为他祷告，看看所成就之事（使徒行传十二 5、6、7、12）。我可以很容易用在路德（Luther）和爱尔兰的温特博士（Dr. Winter）以及其他许多人身上所观察到的祷告得回应的事，扩充之前的美好例证，但我认为这不必要，因为大多数基督徒都有大量类似的亲身经历。而且他们确信，临到他们的许多神的护理之工，是且必然是对他们祷告的回应。

现在，若明智考量这些事情，谁还会心存不满呢？难道我们还不能断定"祂时常看顾义人"（约伯记三十六 7），"耶和华的眼目遍察全地，要显大能帮助向祂存心诚实的人"吗（历代志下十六 9）？神的护理宣告祂是一位垂听祷告的神。

第二章
我们的出生及成长

既已证明，世界上圣徒的事务确实是在神的特殊护理的智慧和看顾之中，接下来，我要向你们展示神的护理之工特别呈现在圣徒的哪些事务及关切中，亦或神的护理在这世上为他们所行的最显著的作为是什么。

在这里，我并没有直接被我的文字引导去谈论关乎神的百姓灵魂最内在和灵性的护理之工，尽管这些都间接且最终与他们的灵魂息息相关。我要谈论的是神为他们所行的，更为可见和外显的作为。这并非说我会涵盖所有相关内容——它们比海沙还多——而我的目的是向你们讲述一些施与你们的、更为特殊、更易觉察的护理之工。

让我们先思想一下，神的护理曾为我们所施行的首项作为有多么美好：**在母腹中孕育和保护我们**。这无疑是非常荣耀且令人心生赞美的作为，诗人对此称赞："我在暗中受造，在地的深处被联络；那时，我的形体并不向祢隐藏"（诗篇一百三十九15）。之所以称其为母腹的原因是，就好比技艺精湛的艺术家，当他们手中有某些精选的素材时，便在清静处使其臻至完美，然后把它带到光中让众人观赏。在母腹中的生命也是如此。在神的护理为我们所施行的这一美善之工中，有两处尤为配得称颂和赞美。

首先，人体杰出的结构和美妙的组合。"我受造奇妙"：ruchampti 这个词很丰富。拉丁文圣经把它描绘成"好似以针作画"，亦即，用神经和血管绣得华丽。哦，让我们来看眼睛这一器官所体现的精湛工艺！当一些人研究眼睛构造时，便不得不承认神的存在！神的护理在动工之前，在祂面前有个模型或图样，据此来塑造每一部分，"我被造的肢体尚未有其一，祢都写在祢的册上了"（16节）。你们是否肢体健全完善且圆满？这是因为神把每一部分都记在册上。或在你们尚未成形时，祂根据自己美善的意愿画出你们身体的模型，然后准确地使其成形。如果设计中缺失一只眼睛、一只耳朵、一只手、一只脚，你们必定已然悲哀地意识到这个缺陷。缺失了那些窗户，这个世界对你们来说便会如同一处地牢。而你们会和许多人一样，生活在别人的同情中。如果你们对这恩典缺乏概念，那就去问问瞎子、聋子、瘸子和哑巴，那些恩典的价值和意义，他们会告诉你们。你们的身体上承载着极重的代价。你们可能被铸入另一个模子，受造成为一只虫子或蟾蜍。我记得路德告诉我们，两位红衣主教声势浩荡地前去参加康斯坦斯会议，在半路上听到一个人在田野里痛哭哀号。他们走至跟前时，发现那人正专注地看着一只丑陋的蟾蜍，便问他为什么哭得那么伤心。那人对他们说，一想到神并没有把他造成这样一个如此可厌和畸形的动物，他的心就融化了。"我就会不由自主地流泪哭泣"，他说。于是主教中的一位喊道："天父说得对啊，那些蒙昧无知的人们会起来并承受天国，而我们连同我们一切的学问都要被扔进地狱里了。"普通受造物没有任何一处如人这般华丽优美。盖伦（Galen）给了伊壁鸠鲁（Epicurus）一百年的时间去设想人类身体上任何一个部位是否有更便利的位置、构造或组合。并且，即使所有的天使合力研究到如今，他们也不可能把人的身体铸入一个比这更好的模子。

然而，这一切不过是给箱子上漆，或是擦亮那只装着稀有宝石的精美小盒。神的护理不仅建造房子，而且还将居者（我指的是灵魂）带入其中。这是一件满有荣光的作品，其上具有神的形象，不仅贯乎一切之中，且在一切之内。它所体现的大能和情感是多么恢弘啊！它的动作是多么灵活、多变、满有活力！它的能力是多么完全！它与天使为伴，不，它能够与基督联合并与神永恒相交。它是地球的奇迹，为地狱所嫉羡。

现在假设一下（你们为何不设想一下在这个世上如此常见之事呢？）神的护理如此允许和安排，你们的灵魂所进入的身体中有一两个功能受损和有缺陷。假如它的理解力崩溃，既不能服侍人，也不能得安慰，你们在这世上将过着多么悲惨的生活啊。只要看看在不同的国家和世代，神的护理之工所带来的可怜光景，就知道确实如此：有些人的理性能力缺失，仅仅是在外貌和形状上与野兽不同。另一些人，虽然他们的认知似乎正确，他们的身体却是扭曲或有缺陷的，是可怕、畸形和令人生厌的受造物。我只能将这一神的护理的设计归结为祂主权的明证。除非他们被设计成陪衬物，衬托其他稀有精致之物的荣美，并为了站在你们眼前，显示神对你们的怜悯，以至当你们看到他们时，心被触动，因神对你们非比寻常的眷顾而感恩。

因此心存谦卑地看看你们的外表和内心，察验并赞美神的护理为你们所做的，以及它在这个世界上为你们成就的第一件护理之工是多么出色。然而，这并不是它所行的全部。在你们未见这世界以先，它保全了你们，使你们在母腹里成形，否则你们就已经如同约伯所说的那些胚胎一般成为"未见光的婴孩"（约伯记三16）。流产在这世界上毫无意义，却是屡见不鲜。有些只有一个萌芽般粗略的身体雏形，却从未有理性的灵魂注入。它们如兽般消亡，而未被视为人。[1] 另一些在母腹中或刚出生不久就死了，虽然他们的生命仅有少时，但那一瞬间却赋予他们永恒的意义。假如你们的情况是如此，如数百万人的情况一样，那么，思量你们所蒙的救恩，却完全无法在这世上被神使用，万物与你们无益，你们于世间万物亦是如此。在你们的一生中，无论是你们对别人所行之善，亦或你们从别人所受之善，与你们而言都是不可能的。

若是我们思想在母腹里那段朦胧生活的本质，若神的护理许可，一个多么小的意外事故就会熄灭我们如同壳中之鸟的生命？因此，我们不能不赞叹神的护理对我们的温柔关怀，与诗人同说："我在母腹中，祢已覆庇我"（诗篇一百三十九13）。不仅仅是，"祢是叫我出母腹的"（诗篇二十二9），祂在那里保全你们，直到日子满足。当那一刻来临时，历经重重危难，祂把你们安全地带到世上，那处祂从永恒里就已为你们预备好的地方。

神的护理对祂的百姓的另一个伟大作为，在于虑

---

[1] 编注：按照现代基督教伦理学较为保守的观点，胎儿在受精卵的阶段就开始有了人的生命特质。因此，未出母腹的胎儿也被视作生命体，在生命的本质上如同出生之后的人一样。

及他们**出生的地点和时间**。诚然，这对我们每个人来说都不是一件小事。尽管大多数人很少考虑这个问题，但它其实对我们的命运走向，或善或恶，都有着重大的影响。我相信很少有基督徒的心思足够深入地探究神的这一护理，更多地是在众多恩惠的渊面蜻蜓点水。而丰盛繁茂的恩惠，则深藏于神借着护理之工对他们的仁慈眷顾中。

啊，朋友们！你们会认为被生于世界的何处无关紧要吗？难道你们的命运如何与受造的地点或是所处的世代毫不相干吗？可能你们没有认真考虑过这件事。因为这一点鲜有提及，所以我将更具体、更清楚地探讨此事，力图通过展示神施与你们的护理之工的这一作为给你们带来的众多而丰富的益处，来温暖你们的情感。

我们将把它置于一种双重的考量或关系之下来思想，因为它既涉及你们今世当前的安舒，也同时关系到你们来世永恒的福乐。

神对你们的护理之工与你们今世的安舒息息相关。对其中的居住者来说，这偌大房子里的所有房间并不都是同样舒适宽敞的。你们会读到"地上黑暗之处"中"满了强暴的居所"（诗篇七十四 20），在世上可栖之地里，会发现有许多这样的阴暗处。这世上的荒蛮旷野之地是何等广大啊！

假设你们的母亲将你们生在美洲，野蛮的印第安人之中。他们像残暴的野兽一样结群游牧，遭遇酷热难耐、饥寒交迫、赤身裸体、一贫如洗、软弱无助。这世上有数以百万计的人挣扎在贫穷潦倒中，缺乏地上的安舒和容身之所！而就你们所居之地拥有的便利、富饶、温舒、文明而言，你们所享有的是何等的恩惠！它难道不是一个从旷野中围出来的花园吗？我可以毫不偏袒或浮夸地说，即使基于现世的记载，在这世界所有的大房子中，神已为你们提供的是最健康、最宜人、从各方面都是装备最佳的一间居屋。听听我们的编年史家怎么说："这是幸运之岛，欢愉乐土，是神的花园。它的山谷如伊甸园，山岭如黎巴嫩，水泉如毗斯迦山，河流如约旦河，海洋作它的墙，它的守护者是上主耶和华。"

这里为你们的身体预备了必要和舒适的住所，而这是世界上极大部分地区并不具备的。我们中一些最穷困潦倒之人无缘与此，比如说可怜的俄罗斯人。他们的贫穷如利齿噬咬，以至于穷人在门口哭嚎："给我，砍我都行！给我，杀我也罢！"

不要说那些野蛮的民族要优于你们，因为他们拥有金矿银矿，你们也许认为那足以弥补生活中的一切不便。唉，可怜的人们！他们的国家即使长出荆棘和蒺藜，也要胜于金银宝石。因为这成了毁灭所有他们在这世上其他安舒的原因，引来了他们中间残忍贪婪的敌人，使他们在奴役下呻吟，在毫无怜悯中死去。

相较于活在他们所深陷的处境下，成千上万的人宁愿选择死亡。为什么你们的命运落在现今之处，而非那里呢？他们岂非受造于同样的泥土吗？他们被赋予的本质和你们相较岂有区别吗？啊，在本质上毫无分别，神的怜悯所做的是何等不同！忘恩负义的人哪，想一想，你们本可能会降生在那里其中的一些区域，那里污浊的空气常使死神厌腻，那里的居民在生活方式上与野兽几乎没有差别。但神为你们所预备的，为我们当中最穷困之人预备的居所比他们当中最华贵之人通常所有的还要好。哦，神的护理为你们成就的何等令人感叹！

但我刚刚提到的这一切与你们灵魂所承受的属灵恩惠和益处相比，却是极微不足道的。哦，这一护理之工于你们如此有益，激励着你们心怀感恩、称谢直到永远。让我们只需在此对摆在自己面前的情形稍稍作几点假设，神的护理的荣耀就会如一束阳光般充充满满地照在你们的脸上。

假如今天你们的命运落在任何一个被外邦人和异教徒所占据的广袤大陆上，他们向砧木下拜，向日月星辰俯首。这类情形多达数以百万计，甚至以亿计。正如那个研究学者布雷勒伍德（Brerewood）告诉我们的，异教偶像崇拜者不仅遍及长达九百英里周长的欧洲区域，还遍及近半的非洲，过半的亚洲，以及近乎整个美洲。

哦，如果一个异教崇拜者将你们生下，以致偶像崇拜随同你们的母乳一同被吸入，你们的境况该是多么可悲啊！那么今天，你们极有可能是在敬拜鬼魔，全速行在笔直的咒诅之路上，因为这样的人是神所愤怒的民："愿祢将忿怒倾在不认识祢的列国中，和不求告祢名的各族上"（耶利米书十 25）。如此的咒诅是多么可怕啊，笼罩着他们以及属于他们的一切！"愿一切侍奉雕刻的偶像、靠虚无之神自夸的，都蒙羞愧。"（诗篇九十七 7）

亦或假设你们的命运落在伊斯兰教徒中，他们差不多是地球上遍布最为宽广地域的外邦人。虽然阿拉伯养育了这只不洁的鸟，但这个笼子已无法容纳。因为不仅阿拉伯人，甚至波斯人、土耳其人和鞑靼人，都在这个大骗子手下俯首称臣。这种毒害已经通过亚洲的血管，扩散到非洲的大部分地区，周长超过七千英里的地域都不足使其止步，并已经污染了欧洲相当大的一部分土地。

假如你们命降于此，哦，尽管你们的本土有着天然的便利和舒适，你们是何其不幸的男男女女！你们崇拜一个大骗子，死在愚人的乐园。不是在神永活的话语下，而是像他们现在一样，被那些虚幻、疯狂、荒诞的梦所迷惑，以致你们永远的灭亡。因为无论谁稍加思索，便会认为这些做梦者更需要的是镣铐和枷锁，而不是辩论或清醒的回答。

倘若以上种种皆非你们的命运，假设你们出生在世界上这个被职业基督化的小地方，但大部分地方教皇的偶像崇拜和反基督教的妄念肆虐。你们若吸吮了天主教的乳房，你们该是何其不幸的男男女女啊！因为神忿怒的杯要大肆倾倒在这些人身上（启示录十六章）。圣经用丰富、直白的语言告诉我们，他们的命运如何："故此，神就给他们一个生发错误的心，叫他们信从虚谎，使一切不信真理、倒喜爱不义的人都被定罪。"（帖撒罗尼迦后书二11、12）

不，你们可能就降于你们现在所居之地，但倘若那为你们定准疆界的并未施恩为你们"定准年限"（使徒行传十七26），你们将依然与救恩的益处无缘。假设你们的命运降在英格兰处于异教笼罩下的时期，长达数百年之久，那里满了粗俗邪恶的偶像崇拜者。如同在其他国家里一样，黑暗笼罩着这个岛上的民众，魔鬼受到崇拜，他的谎言被狂热地信奉。

多多纳的朱庇特橡树顶的棚屋，朱庇特手持棒子敲击大锅的形象，达芙妮的月桂树和喷泉，这些都是被迷惑的可怜虫守候的圣谕。所以在这个国家，他们也崇拜偶像。太阳和月亮，连同许多可憎的偶像被当作神崇拜，是我们的祖先所敬奉的，他们的痕迹直到今天在我们中间还未被完全除去。

又假设我们的命运落在随后的悲惨年日里，在玛丽女王用烈火战车将数百人送上天堂的那段日子里，当可怜的新教徒在山洞和树林里东躲西藏，躲避像猎血犬一样的天主教审判官时。后者在全国所有的城市、乡镇和村庄，如寻找猎物般，到处追捕基督可怜的羊。

但是，我们被仁慈地预定，在更好的年日被带上这个世界的舞台，这就是神的护理对我们的特殊关顾。所以，如果我们有自己的选择，我们为自己选择的，或许并无可能如神的护理所为。我们不仅拥有这座大房子里最好的房间，而且在我们被安置进去之前，全国性的宗教改革之帚已经清除了偶像崇拜，而且，殉道者的血洗去了天主教的污秽，着以福音之光为装饰，在我们的时代如大光明耀照人，正如他们自使徒时代以来所行的。你们可能在英国出生很久了，却未在其中找到一个基督徒。是的，并且自从基督教在这里被认同后，你们可能未在其中遇到一个新教徒。哦，神的护理藉由如此仁慈的作为，置你们于何等的责任之下！

如果你们说："这一切确实都是真的，但这与永远的救恩有何关系呢？众多享这些特权之人，岂不仍旧永远地灭亡吗？是的，岂非更甚于其他的罪人，在更重的罪恶和悲惨中灭亡吗？"

没错，他们的确如此，并且很遗憾，本应如此。但是我们无法否认，生于此时此地实属绝妙非凡的怜悯。因为让我们思想一下，这里的人们在救恩方面享受了怎样的帮助。倘若他们的命运落在前面所述的假定之中，他们是无缘这般享受的。

在这里，我们享有寻常的救恩方式，而在其他地方，人们却与之隔绝。所以在异教徒中若有任何人得救归入基督，则必定是藉以某种神迹奇事或者非凡的方式，因为"人未曾听见祂，怎能信祂呢。没有传道的，怎能听见呢。"（罗马书十 14）。哎！如果有任何人在寻求探索福音式的救赎之道时，心中有一种渴望被唤醒，尽管这通常不会发生，亦不合常理，然而这些可怜的人们，他们或许会漂洋过海去听闻真道，却并没有找到。然而你们却几乎不会错过任何听福音的机会。布道与你们而言实属常见，以至于你们近乎不可能回避或拒绝关乎你们个人救恩的律例和器皿。这难道不足为奇吗？基督甚至使祂自己临到我们。

在这里，在这个世界的这个世代，因着民众的公开认信以及国家法律的保护等有利条件，反基督的普遍性偏见被消除了。然而假若你们居住在犹太人、伊斯兰教徒或异教偶像崇拜者当中，你们会发现基督和基督教是这个国家共同憎恶的对象，是人人在名义和行动上都藐视并嘲弄的。如果你们在他们当中出生并接受教育，你们自己大概率也会如此。因为你们或许可以观察到，凡是按传统由父传承给子的，人人都乐意、且热心地为之辩护。犹太人、异教徒和伊斯兰教徒在今天如此执迷于他们的错谬，伴以唾沫、喧嚣、拍掌以及其他一切表达愤怒和憎恶的姿态，把所有异己者从他们中间赶走。

被置于这样一个国家和时代，难道不是神对你们一种特别的怜悯吗？正如一位博学的神学家所观察到的：在这里，真实的信仰相较于每一个虚假宗教所具备的优势，和诸多虚假宗教在其他国家所具备的优势并无二致。在这里，你们拥有珍贵的获取途径，且没有置灵魂于毁灭的损害——两种非同寻常的怜悯。

在这里，生于这个世代，你们一旦具有了任何宗教意识或印象，基督教就会迎面而来，出于乐观的预期，这便堵住了一个虚假宗教必然趁机而入的通道。在这里，你们吮吸母乳时，也一并吸收着基督教的起始概念和原则，而这样的偏爱无疑是一个优选的恩惠。Quo semel est imbuta, recens servabit odorem testa diu（罐子会保持刚出炉时初盛的香气，数日之久。）"教养孩童，使他走当行的道，就是到老他也不偏离。"（箴言二十二 6)

在这里，你们有、或可能有基督徒的援助和支持来指导你们的道路，解决你们的疑惑，担当你们的重担，帮助你们度过那些伴随新生而来的诸般困难。唉！在许多其他国家，如果一个可怜的灵魂体现出寻求基督和纯正信仰的任何倾向，或是细微的动态和感动，当下就会遭到所有人的反对，没有任何人会去援救、帮助或鼓励他，就像你们在加莱修斯（Galeacius）的例子中所看到的那样。在这种情况下，至亲将成为最大的敌人。整个国家会迅速如怪兽般对他大声咆哮并喊叫："把这个异端分子带到监狱或火刑柱上去。"

不管这些因素最终证明是否成为对你们灵魂的祝福，在通向救恩上，我确信它们本身就是非同寻常的怜悯和帮助，而你们身边数以百万计的人却被拒绝无缘这救恩。因此，如果柏拉图临死时能为三件事赞美神，即他是人而不是野兽，他出生在希腊，他成长于苏格拉底时代，你们就更有理由赞美神的护理，因为你们是人而不是野兽，你们出生在英国，你们成长于福音时代。如经文所言（以西结书二十6），这是耶和华为你们所察看之地。就此，你们有充分的理由说，如诗人在另一情形下所言："用绳量给我的地界，坐落在佳美之处；我的产业实在美好"（诗篇十六6）。

另一个必须被仔细关注和考量的神的护理之表现就是**指定我们出生和成长的族系和家庭**。确实，无论是对我们现世的还是永恒的益处，这都是一个特别的考量。因为在以色列中，我们的家族无论大小，我们的父母无论身份高低贵贱，他们若敬畏神、行公义、以敬虔的心顾念教育你们，"照着主的教训和警诫"养育你们，你们务必要将生自这样的父母视为首要的怜悯，因为有双重的恩惠之溪从这样的泉源向你们流出。

首先，对你们肉体的生命有今世和永恒的恩惠。你们不会不知道，敬虔使人蒙受祝福，邪恶不义给子孙后代带来咒诅。前者在创世记第十七章18至20节有例为证。与之相反地是撒迦利亚书五章4节发出的警告。而两者在这段经文中均有体现："耶和华咒诅恶人的家庭，赐福与义人的居所"（箴言三33）。诚然，这都暗示着孩子跟随父母的脚步（以西结书十八章），但恶人带着恶心徒然养育儿女之事是多么屡见不鲜，因而经文如此提及亚比央："行他父亲在他以前所行的一切恶"（列王纪上十五3），诅咒因而代代相传。要避免这一诅咒，则在于神选择性的护理。

但要特别注意，有一股灵性祝福和恩惠泉源从这一护理中流入内在的生命。哦，传承自敬虔的父母的恩惠都是非同寻常的。我们中有些人从父母那里不仅得到了维系我们存在的自然人生命，此外，也得到了灵性和永恒的生命。对提摩太来说，传承自这样的先辈是不小的恩惠（提摩太后书一5）。对于奥古斯丁（Augustine）来说，有莫妮卡（Monica）这样的母亲亦是如此，她用自己的言语在奥古斯丁心中种下了生命的法则，以自己的泪水浇灌，用自己的身教滋养。我们将会更详细地考察这一恩惠，并藉此发现其中所包含的多重恩典。

在我们尚未成形之前，以及当我们年幼，无法为自己祷告时，我们的父母便为我们祷告，这是何等大的怜悯啊？亚伯拉罕（创世记十五2）和哈拿（撒母耳记上一10、11）便是如此行。或许你们当中有些人就是父母祈祷的果实和回应。他们终日为你们持守这圣道，把关乎你们的一切，尤其是关乎你们的永恒之事，连同他们所有的，带到神的面前。即使在他们日薄西山之际，也依然如此诚挚地为你们向神倾尽己心。啊，你们要珍惜这一恩惠，因它们实在宝贵。生自祷告的父母，相较于出自名门望族是更大的恩典。留心观看约伯的虔诚之举（约伯记一 5）。

把堕落之瘤消灭在萌芽状态的虔诚而谨慎的管教，对我们来说是多么特别的怜悯啊！我们现在明白青少年阶段是一个多么关键和充满危险的时期，人在那时对一切恶事趋之若鹜。不然为什么他们被称为少年的私欲（提摩太后书二 22）？当大卫问到"少年人用什么洁净他的行为呢？"，这一提问足够清晰地反映出其在少年时期，经历了这世界中的污浊之后的行为（诗篇一百一十九 9）。当你们发现大卫向神祈求"不要记念我幼年的罪愆"（诗篇二十五 7），约伯痛心疾首地向神发出抱怨"祢按罪状刑罚我，又使我担当幼年的罪孽"（约伯记十三 26），想必你们不能不怀着一颗十分感恩的心去回想那些奇妙的方法。正是通过那些方法，你们的本性中的堕落在你们年幼时得以被令人欣喜地预防或抑制了。

在我们幼年时，我们的父母诚惶诚恐地将关于神的美好认知逐渐灌输在我们心中，这是何其伟大的恩惠？亚伯拉罕（创世记十八 19）以及大卫（历代志上二十八 9）在这一责任上何等尽心尽力！我们当中有些人的父母或许会像使徒一样对我们说："我小子啊，我为你们再受生产之苦，直到基督成形在你们心里"（加拉太书四 19）。因他们在未有我们之先就寄以厚望，在有我们之时就欢欣喜悦，所以他们无法承受去想象，假设当他们不再拥有我们之时，魔鬼却可能辖制了我们。因此他们觉得为我们的身体提供饮食、衣装和医治，付上再多的痛苦、关心或代价也不为过。同样，为我们的灵魂可以得救，再多的祷告、求问或眼泪都不为过。他们知道终会有一个和我们离别的时刻临到，所以他们殚精竭力地将我们留在基督里，在祂圣约祝福的纽带之下，以使这种离别尽可能地轻松和愉悦一些。

他们不以我们的健康为乐，也不在乎我们是否风度翩翩。他们对我们灵魂和身体的苦难同样敏感。他们盼望能在那主的大日说："主啊，我和祢所赐给我的孩子都在这里"，没有什么比这更让他们渴望的了。

有父母在我们前面作为圣洁的榜样，身体力行地为我们开辟通往天国的道路，这不是给我们的特别恩惠吗？他们会对我们说"你们在我身上……所听见的，所看见的，这些事你们都要去行"（腓立比书四 9），以及"你们该效法我，像我效法基督一样"（哥林多前书十一 1）。父母的生命是孩子的范本。哦，有一幅精美的范本在我们面前，尤其是在成长的阶段中，这真是非凡的怜悯。我们既可看见他们所行，也可听见他们所言。亚伯拉罕这样称赞道："他吩咐他的众子和他的眷属，随他一同谨守耶和华的道"。我们中间有些人也已经拥有了如此的恩典。

啊，我的朋友们，允许我请求你们特别关注神对你们这一满有恩典的护理。当你们领会时，你们的内心将会因之温暖盈溢。比较一下你们与其他人的处境，并认真思考以下几点。

我们中间，有多少孩子被他们残忍且不敬虔的父母急速拽向地狱，这些父母在孩子刚会说话时就教他们谩骂和咒诅！有许多家庭中除了地狱的秽语外，鲜能听见其他语言。他们如同枯木和飞沫，为地狱之火而预备，必然在那里一同被燃烧。圣经上的话终有一日会应验在这样的儿女身上，除非他们悔改："他仍必归到他历代的祖宗那里，永不见光"（诗篇四十九 19）。

又有多少家庭，虽然不那么败坏，却是在徒劳而随性地养育他们的子女。如果他们能供养儿女的身体，就对他们的灵魂成长漠不关心（约伯记二十一 11）！如果他们能教会儿女驾驭自己的身体，就不在乎魔鬼是否操纵他们的灵魂。如果他们能为儿女留下土地或金钱，便认为已经完全履行了自己的职责。哦，在审判台前、在永恒的地狱里，这样的父母和孩子将用什么语言互相问候！

又有多少人虽然相对清醒，然而却不喜悦自己孩子身上体现出一丁点敬虔的迹象！他们不但不珍惜，反而竭尽所能地折断压伤的芦苇，吹灭将残的灯火，扼杀和抑制孩子们向基督初现的回应与奉献！他们宁愿陪孩子们到坟墓里去，也不陪他们去见基督。他们藉由谎言，像希律王一样，试图把基督扼杀在摇篮里！啊，诸位先生们，你们很少知道你们在敬虔的父母身上享受或已经享受了怎样的怜悯。在关乎你们身体和灵魂的事上，神的护理给了你们多大的益处。

如果有人说这并非他们的情况，父母对他们没有什么属天的帮助。对此，我特做如下的回应。

若你们没有得着什么助力，然而，没有阻挠对你们而言便应视为一种特殊的护理。或者，若你们遭遇反对，还应赞美神的恩典藉着一只奇妙可辨的怜悯之手将你们从中救拔出来，并在敌对的浪潮中保持那将残的恩典火花不至熄灭。由此可以领悟到，如果神赐给了你们属于自己的子孙后代，你们就当更加严格谨慎地履行家庭责任，因为你们已深深体会到自己心中对此的强烈渴望。

不过看到紧随着孩子的圣洁教育而来的如此一系列祝福，同时惠及今世和永生，在我尽了劝诫父母和孩子各尽其职的本分之前，我是不会放弃这个观点的。

首先，对你们这些为人父母者，还有致力于孩童教育者，我恳请你们留心自己的责任。我会充分地强调这一点：想想你们与你们的孩子关系有多亲近，他们的快乐或忧愁就与你们有多么密切的关联。思想一下圣经中对这种关系之亲密的相关描述，有时藉着对孩子的渴望来表述（创世记十五2，三十1、2），有时如耶稣所言，拥有他们时的喜乐（约翰福音十六

21），对他们的高度重视（创世记四十二38），在他们一切患难时的支持（马可福音九22），以及分离时的痛苦（创世记三十七35）。这一切难道没有意义吗？在有他们以先，我们渴想；当拥有他们之时，我们欢喜；我们如此重视，如此温柔地与他们共鸣；他们离世时，若还尚未顾及他们在永恒中的归属，我们便会悲恸至极。上述这一切的目的是什么呢？

想想神如何把他们的灵魂连同身体托付给你们，而这可见于直接颁给你们的诫命（申命记六6、7；以弗所书六4）以及要他们顺服父母的训诫（以弗所书六1），这些诫命清晰地表述出你们的责任以及他们的责任。

若是因你们的疏忽，他们在"无基督"状态中死去，那么在生死离别的时候，有什么能安慰你们？哦，这是何其令人肝肠寸断的念头：我的孩子身在地狱，我却并没有做什么阻止这种情况发生！我促使他去了那里。在那一天来临时，唯有责任尽毕才是唯一且根本的安慰。

若你们疏于用圣道教导他们，魔鬼会疏于用恶道教训他们吗？不，不，若你们不教他们祷告，魔鬼便会教他们咒诅、谩骂和撒谎。地若不耕种，杂草就会丛生。

若忽略了他们的幼年时期，此后结出好果子的可能性有多小？幼年是可塑的年龄（箴言二十二6）。

有多少人能在老年时回转啊？嫩枝可随意造形，成熟的枝干却难以弯曲。

因所说的代代相传及上行下效，你们是造成他们一切灵里困苦的罪魁祸首。因你们带回家中弥散其间的瘟疫，他们在灵里死了。"我是在罪孽里生的，在我母亲怀胎的时候就有了罪。"（诗篇五十一5）

世上无人比你们更能成为他们收获永恒益处的器皿。你们和他人相比有着得天独厚的优势。比如你们对他们情感状态的关注，每天与他们在一起，有机会逐步指教他们认识基督（申命记六7）。你们了解他们的性格，你们若疏忽大意，谁能帮助他们呢？

再者，想想那主的大日，你们便会对他们产生怜悯之心。哦，记住这节经文："我又看见死了的人，无论大小，站在宝座前"（启示录二十12）。若是看到你们至爱的孩子们在基督的左边，这将何等可悲？哦，朋友们，尽你们所能去阻止这一悲剧吧。"我们既知道主是可畏的，所以劝人。"

而你们，孩子们，尤其是从虔诚的父母而生的，我恳请你们听从他们的劝诫，效法他们敬虔的榜样。为了强调这点，我愿提出以下的思考：

你们对父母的不顺服就是对神权柄的抗拒："你们作儿女的，要在主里听从父母"（以弗所书六1）。这是诫命，因此你们的悖逆比你们想象的要更加严重。你们悖逆的不是人，乃是神。并且因着你们的悖逆，神将惩罚你们。也许是他们的温柔耗尽，亦或你们不再听他们的教训。他们唯一能做的就是向神抱怨，若是这样，神会比他们更严厉地管教你们。

你们的罪要大过年少的异教徒和不信之人的罪，你们的案卷亦将是如此。哦，若你们是凶恶之子，你们最好是野蛮的印第安人的后代，不，野兽的后代，也强过是如此父母的后代。甚多劝诫被违抗，希望和祷告被挫败，终必导致万劫不复。

神常以其人之道惩罚人对父母的悖逆，通常我们自己的孩子会在家中让我们得着报应。我曾在一位严肃的作家所著的书中，读到一个恶棍沿着房子拖拽他的父亲。父亲乞求儿子不要把他拽出房子，他说，因为我曾拽我的父亲就到此为止。哦，神的报应令人悲哀、但却公义！

对于你们因所受教育的诸般祝福，而在心里种下如此恩典的人们。我恳求你们来赞美神于此护理中所显于你们身上的良善。哦，神赐给你们多么美好的福气啊！很少孩子能有份于你们所享受的恩惠！

你们务必要尊荣这样的父母，对你们而言，如此去行的义务是双重的。他们若活着，愿你们成为他们心里的喜乐和生命中的安慰。若他们已然归主，你们在有生之年要记念所得的恩惠，跟随他们虔诚的脚踪，以使你们在主的大日可以与他们一同欢喜，为彼此赞美神，直到永远。

第三章
归信的工作

在这个世界上没有任何事物较预备神子民归信的时机、器皿和方式更能彰显神的护理的荣耀。神借着护理之工如何极具匠心地塑造你们的身体,祂也同样施以体贴入微的护佑并给予慷慨丰盛的供应。神的护理若没有预备某种方式及其他所需使你们归信,则之前所有向你们施予的恩宠和益处的意义也就微乎其微了。哦,这是你们从神的护理之手所得的至大福分。如此恩典理应比你们所领受的其他怜悯更让你们为之感恩。在阐明神的护理的这一作为时,我不禁想到你们的内心必然被深深触动。这是令每一颗谦和仁慈之心都甘之若饴的话题,也无疑是他们所经历的最为甜美的心路历程，是他们乐于回顾并津津乐道的。因着这一作为，当时的地点，以及这一工作藉以成就的器皿对于他们而言，都是极为亲近的，是啊，亲近至极，以至于多年之后，当他们偶然经过昔日之地，或见到神的护理之手所使用来成就他们益处的器皿之人的面容时，心肠依然会为之融化。毋庸置疑的是，在与神相遇那夜之后，伯特利成为了雅各心中甜美的记忆（创世记四十八3）。而其他的圣徒也都如雅各一般，有着属于自己的伯特利。哦，蒙福的地点、时间和器皿！哦，神的护理在经年慎重筹备之后，以一种更可感知的方式给他们印下蒙福的印记，如此深刻且甜蜜的感受，是他们记忆或内心里不可磨灭的存在！

有些可怜的心灵由于无法记起时间、场合、归信之功成就所藉由的器皿和方式，在陈说此项神的护理之工时会陷入沮丧之中。为了避免这种情况，我会预先提出一项必要的区别，以便我试图使一些人获得益处的同时，不会伤害到其他人。

归信，论及其主体，可从两个方面考虑。要么是较为明显地发生在成年人身上，他们在年少时曾更为世俗且污秽败坏。亦或是藉着神所祝福的敬虔教育，神的恩典在人懵懂中潜移默化徐徐灌输于心，成就在人年幼时。在第一种情况下，圣灵显著的工作，如光照、劝诫、使人谦卑、引导他们归向基督、赐他们印记等，要更为明显和可辨识。在第二种情况里，这些作为就较为模糊和复杂。他们可以记起神赐给他们对敬虔人的敬重和亲近之情,对责任的重视和知罪之心。但是至于神工作的具体时间、地点、器皿和方式,他们只有依稀的印象。然而,如果救恩已然在他们里面成就,他们就不需因着自己归信发生的境况没有其他人所察觉的那么明晰而内心不安。坦然地让归信的本质和事实自然显现,没有理由因为缺少所谓的相应证据而自寻烦恼。

但当归信发生的境况和实质对一个人而言都很明显的时候,也就是我们可以唤起关于归信之工发生的时间、地点、谁是成就所藉的器皿等这些记忆时,那必然是极其甜蜜的。是每次回顾时,灵魂都会为之如重获新生般欣喜雀跃的。

如下所述,在很多场合我们所碰见的一些人,初遇时认为是偶然的过客,之后却发现他们实际属于神的护理所派遣的先导,是在前面预备道路的。

在那些神的护理中,为成就这项工作所预备的诸多细节,是极为甜美和引人注目的。如下文所示:

神的护理之功的奇异和难测,体现在使我们进入特定的路径,并预备相应的特定时机,是的,还有所需的极精确的条件。 因此你们会发现正当那个太监读先知以赛亚的著作时,他诸多车驾同行者中恰好有一位,可以作为解读者,也是正当他的心灵已然被预备,来接受基督真理的初次光照的最合宜的时机(使徒行传八 26-30)。

亚兰人乃曼身上所产生的巨大转变是令人惊异的,尽管这事已经很久远(列王纪下五 1-4)。很有可能亚兰人在入侵过程中,因着这个女孩的美貌将她掳去。而她一定是被呈献给了乃曼的妻子,并向她叙述先知身上所伴随的神的大能。即使你们会发现这一特定的案例是史无前例的(路加福音四 27)。但毋庸置疑的是整个事件的发展都处在神的护理的显著引导之下。

同样,论及撒玛利亚人的归信,可以看到基督必须经过那条路(约翰福音四 4)——处于连接犹大和加利利的道路之间——那时约有午正,祂就坐在雅各井边休息,起初看起来,除了要藉着坐下喝水恢复精力之外,并没有其它的打算。但是满载神的福佑、护理的列车随之而来,而这看起来似乎只是一个意外事件!首先是撒玛利亚妇人,然后是那座城里更多的人被带领归信基督(29、41 节)。

梅尔基奥·亚当斯(Melchior Adams)留意到朱尼厄斯(Junius)在其较年轻的日子里是一位坚定的无神论者。但是为使朱尼厄斯归向神,首先是他的性命在法国里昂的公共骚动中被奇妙地保守,而这一经历也迫使他承认神的存在。随后,朱尼厄斯的父亲派人叫他回家,并极其温柔地劝说他阅读圣经。他被约翰福音的第一章光照,随之便从中感受到一种超自然的神圣权柄和能力抓住了他的灵魂，于是便彻底地向耶稣基督回转。因而，正如提哥亚妇人对大卫所说的，神必然设法使逃亡的人归回(撒母耳记下十四 14)。

拉瓦特（Lavater）告诉我们，很多参与德国战争的西班牙士兵因进入一些有着敬虔牧者和基督徒的城镇，便在那里归向基督。

罗伯特·伯顿（Robert Bolton），尽管是一位杰出的学者，然而在他较年轻的时候非常抵挡信仰，并且时常挖苦敬畏神的人。但是当与虔诚的皮科克（Peacock）先生为伴之后，被其带领悔改，并在日后显明他是基督的教会中远近闻名的器皿。

一张被意外浏览的碎纸片，在机缘巧合下也被使用成为人归信的机会。这事发生在威尔士的一位牧师身上。这位牧师曾有两份生计，但都不上心。在一市集上，他从某个小贩的摊位上买了一些东西，撕下帕金斯（Perkins）先生的教理问答中的一页用来包裹，读到了上面的只言片语，而神就使用这张被其带回家的纸片完成了祂的工作。

神的护理也会藉着一位敬虔之人的婚姻，带领他进入一个世俗的家庭，使其中的很多人悔改并蒙受救恩。比如，我们读到的在英国享有盛誉的约翰·布鲁恩（John Bruen）的生平，了解到在他第二次婚姻的时候，双方商定好布鲁恩在他的岳母家节食一年。他住在那里的那一年里，神仁慈地乐于利用这一途径在其岳母心中动工，同时获益的还有他妻子的姐妹们、她们的兄弟威廉和托马斯·福克斯，以及那个家庭中的一两位仆人。

阅读一本好书也可以成为一些人归向基督的途径。我们会了解到很多德国的圣职人员因着读到路德的著作而归正。更为奇妙的是，斯莱登（Sleyden）在他的《评注》(Commentary)中提到，维吉瑞尔斯（Vergerius）尽管亲身见证斯派拉（Spira）的悲剧(被人认为连石头都可以感动的)，却丝毫不为所动，坚定的拥护教皇的利益。当维吉瑞尔斯陷入一些枢机主教的质疑声中时，便写了一本批判德国叛教者的书来显明自己的立场。但是当他阅读新教徒的著作时，虽然起初的意图仅是为了驳斥他们，当他在心中衡量论据的时候，他自发地认信并归向了基督。他发现自己已被真理抓住时，他向同为狂热教皇党的兄弟告知了自己的认信。刚开始维吉瑞尔斯的兄弟对他的转变十分痛惜并企图感化他。但是维吉瑞尔斯恳求他用心思量新教徒的论点，他的兄弟也随之降服，兄弟二人随即投身于传讲人称义是藉着神无价的恩典、是由基督的宝血成就的。

是的，不仅仅是通过阅读一本书或是听到一位牧师的传讲，最不寻常的是，一个牧师恰巧所犯的错误或健忘也同样被神的护理转化，用来达至这样的结果和目标。奥古斯丁（Augustine）在一次向他的会众布道时，忘记了他起初提出的论点，转而批判摩尼教的错谬。而他的论述使一个名叫弗穆斯的听众归正。弗穆斯扑倒在他的脚前痛哭，并坦承自己身为摩尼教徒已经很多年了。

我知道还有一个人，在开始布道前出乎意料地误拿了另一本圣经。而误拿的圣经中不仅没有他提前预备的笔记，还缺失了他要讲的经文章节，这就多少有些尴尬。但是在短暂的停顿后，他决定传讲呈现在他眼前的另一段经文，随即他开始读那段经文："主所应许的尚未成就，有人以为祂是耽延，其实不是耽延"（彼得后书三 9）。尽管他之前没有丝毫预备，但是神帮助他之后的布道既条理清晰，又适切中肯。而会众中有一个人因着这次布道，内心被神的恩典所触动悔改，而此人之后为自己的归信做了美好的见证，并承认这次布道是促使他悔改的首要且唯一的原因。

神也使用一次陪伴他人去邻里拜访的经历成就同样的果效。许多陪同马利亚前往伯大尼的犹太人，本意只是表达他们出于民俗上的尊重。但是当他们在那里遇见基督，见证祂所做的事，就信了祂（约翰福音十一 45）。

费尔曼（Firmin）[1] 告诉我们有一个人在一个小镇

---

[1] 吉尔斯·费尔曼（Giles Firmin, 1614-97），艾塞克斯郡、沙尔福德的清教徒牧师，著有《真基督徒》（*The Real Christian*）。

上居住了很多年，这个小镇和英格兰的任何其他村镇一样，基督的福音多年以来被清晰地传讲。这个人快到七十六岁时，去拜访一位生病的邻居。这位作者提到："我的一名基督徒朋友恰好也去探望，在那里邂逅了这位老人，他判断老人是一位自食其力、举止礼貌、做事认真，有诸多优良品质的人。于是他特意在交谈中提到很多人一生尽职尽责，但是从未归向基督。这位老人坐在旁边倾听，神乐意动工让他知道自己正是这样的人，一直以来都是依靠自己而活，而不是靠着基督。这位老人后来说，如果我在七十六岁前去世，我就已经灭亡了，因为我那时不认识基督。

一个敬虔的人被定罪入狱也是神施行护理、拯救可怜狱卒之灵魂的方法。因此保罗被下到监里，使他的看守者成了属灵上的自由人（使徒行传十六27）。在王后玛丽当权的日子里，巴恩博士（Dr. Barnes）也有着类似得胜的经历，他后来在监牢中和悔改的看守者一同领受主的圣餐。

因着逼迫，使徒和基督徒从城镇中被驱逐，分散到国内一些愚昧、蛮荒之地的经历也被使用作为神的护理的途径，去寻找并将在那里找到的一些迷失的羊带回耶稣基督的家中（使徒行传八1、4）。之后所发生的相类似的重要历史事件里，敬虔的神仆也是如此被驱散，当今就有许多这类杰出的事例。

一个奴隶从主人身边逃跑，可能没有别的目的，只是想过一种懒散生活。然而，在他毫不知情时，神的护理为他预定规划了地方和同伴，要带领他借此成为基督的仆人。这就是阿尼西姆的故事．他从主人腓利门身边逃到罗马，在那里因着神的护理奇妙的作为，也许只是出于好奇去观看囚犯，便在那里被保罗得着，成了保罗在捆锁中所生归向基督的儿子（腓利门书10-16）。

带着戏谑的心态去听讲道也曾导致一些人诚挚地悔改。上文里提到的费尔曼先生告诉我们有一个声名狼藉、被其它酒鬼称为"酒鬼之父"的人，有一天打算去听威尔逊（Wilson）的讲道，不为别的，似乎只是为了嘲笑这个敬畏神的人。但是在讲道前的祷告时，他的心开始融化。当他读到这节经文："不要再犯罪，恐怕你们遭遇的更加厉害（约翰福音五14)，便无法自控，在那场布道中，上主改变了他的心，尽管他之前是极其恶毒的与神为敌者，以至于牧师都畏惧在讲道日前往教会的路途中经过他的店门口。"看那，这些都是神的道路。但是神的道路何其难寻，人所知甚少。"

空虚、属血气的人在不经意间所听到的肃穆、沉重的话语，丈夫、妻子或者孩子的离世、疾病的突发，以及千千万万的其他类似不同境遇，在神的护理如此善用之下，做成了灵魂归信的工作。

在神的护理的筹算中，同样非凡和绝妙的是，它为着灵魂归信的缘故，对传道者行程的拦阻和调度。因此神的护理经常将他们带到计划之外的地方，虽然他们并不知情，但在那里必会有一些被神拣选、被福音呼召的瓦器。

因此保罗和提摩太这对满有仁慈、可爱的同工，当他们旅行经过弗吕家、加拉太的时候，他们或许心中想去亚细亚讲道，却被禁止（使徒行传十六6）。当他们想要往庇推尼去时，圣灵却不许（7节）。但是有一个马其顿人，实际是一位以那国之人的形象或装扮出现的天使，在异象中向保罗显现并呼求说：请你过到马其顿来帮助我们（9节），而正是在那地，神开启了吕底亚的心门。

我认识的一位现已与主同在的虔诚牧师，为着他自己会众的缘故，对一个令人奋兴的主题进行深究。当研究完成之后，他有强烈的感动要去五英里之外的一个粗鲁、恶劣、亵渎神的人群中，首先向他们分享这篇信息。在多次的自我挣扎后，因着不愿意消灭任何可能来自于圣灵的感动，他顺服并来到这一群人当中，那时他们没有自己的牧师，也少有人敢冒险到他们中间。超乎所有的预期，主在那里做开启的工作，一些亵渎神的人在那地方接受了基督，并且邀请这位牧师每周在他们当中做一次演讲，有许多灵魂在其中被神所得着。

同样是这位虔诚的牧者，在一次旅行途中，遇到一群空虚的人正在路边的草地上摔跤。正当他靠近那里时，他们中的一人刚将他的对手摔倒，为他的体力和活力而洋洋得意。这位心地善良的牧者骑马过去，和获胜者分享福音，对他说："朋友，我看到你是一个强壮的人，但不要让强壮者以他的力量为荣。你必须知道你不是与血肉之躯搏斗，而是与那些执政掌权的，和灵界的恶者搏斗。倘若撒旦最终绊倒了带给你盼望的脚跟，使你落入永恒的倾覆中，那该是多么悲伤的事啊！"在谈论了大概一刻钟这一严肃的话题之后，他离开了这群人继续他的旅程。但是当时的对话所产生的影响力，让那位获胜者一直惴惴不安，直到他向一位虔诚的牧师吐露自己的困扰。那位牧师便满有智慧地跟进已临到他内心的工作，这人向牧师欣喜地叙述了之前蒙福的经历，而牧师也见证了这一经历带来的满有恩典的改变。哦，神的护理的方式在这类事上是何等难测！

不仅如此，更为绝妙的是，神的护理之功有时使用撒旦的恶意和人的罪性成为给人的灵魂带来永恒益处的良机。我在这里要和读者忠实地分享一件非常令人印象深刻的事，正是我自己在本地亲自见证的。这件事并不久远，也是令诸多旁观者大为惊讶的。

在1673年，这个港口[2]里泊靠了一艘来自普尔，从弗吉尼亚返航途经这里的船。在这艘船上，有一个23岁的健壮青年，是船上的外科医生。这个年轻人在

---

[2] 达特茅斯（Dartmouth）。

航行的过程中陷入到深度的忧郁中，而魔鬼借机落井下石，定意要毁掉这个可怜人。然而，在他抵达这里之前，上主一直保守这个可怜人对自我伤害的企图进行克制。但在他到岸不久、那个主日的清晨，当和自己的兄弟在床上休息时，这个年轻人拿起早已预备好的匕首割向自己的喉咙，随即从床上跌下。尽管喉咙处的伤口又大又深，但他想要在更短的时间内结束自己不幸的一生，便情急之下又将匕首扎向自己的腹部，在抽搐中倒在自己的血泊里，直到他的兄弟醒来之后大声呼救。一位内科医生和一位外科医生应声而来，发现他喉咙处的伤口是致命的。他们当时所能做的就是将伤处缝合起来、敷上膏药、好让他能短暂地发出声音，而并没有任何治愈的期待。在此之前，这个年轻人只通过伤口呼吸，且已经分辨不出他的声音。

那天早上，我就是在这种情况下看见他，心中明白他的时间所剩无几。于是我努力让他明白自己的现状，告诉他我只有极有限的时间可以为他做些什么，因此盼望他能够告知他对自己当下状态的认知。他告诉我说他盼望在神的里面有永恒的生命。我回答说我担心他的盼望是站不住脚的，因为圣经上说："凡杀人的，没有永生存在他里面"。而且这是自杀，是所有的谋杀行为中最恶劣的。当我强调事实的可怕和恶劣时，我察觉到他虚谎的自信开始崩塌，内心也显出软化。他随后开始在自己的罪和许多痛苦的泪水中哀恸，并问我对于一个自我伤害、流自己血的自杀者是否还有任何盼望。我告诉他这样的罪实在很大，但是并不是不可饶恕的。如果上主赐予他向生命悔改的心志，以及信靠耶稣基督的信心，他就必然被赦免。意识到他对我所说的并不是很熟悉，我便向他解释信心和悔改的实质和必要性。这个年轻人听得非常投入，然后极其迫切地呼求神可以在他的心中动工，并且祈求我和他一同祷告，并为他的呼求可以被成就而祷告。随着我同他一起祷告，主便大大动工，融化了他的内心。尽管他不愿意和我分开，但是当天的一些职责让我不得不离开。在离别的劝勉中，我简要地总结了一些最为紧要的事，并没有期望在世上还有再见到他的机会。但是超出我自己以及所有人的期待，他不仅熬过了当天，而且在气喘吁吁中表达出对耶稣基督的殷切渴望。在这种情形下，当天晚上我再次见到他时，除了基督和信仰没有任何话题可以让他得安慰。再次见到我给他带来极大的愉悦，他恳请我可以继续之前的话题，并在之后对我说："先生，主已经将悔罪的恩赐给我，不仅是这一次的罪，还包括所有其它的罪。我现在认识到了罪的邪恶，是之前从未察觉的。哦，我厌恶自己，在我看来我是一个污秽的人！我也实实在在相信，主怜悯我的不信。我愿意衷心地按照基督的心意去接受祂。只有一件事在困扰我。我不确定这一流血的罪是否将被赦免。耶稣基督是否愿意用祂的宝血涂抹我流自己血的罪？"我告诉他基督的宝血甚至为那些以邪恶之手流基督血的人而流，而那样的罪应比他的罪受更多的惩罚。他回答说："好的，我愿意将自己完全的交给基督，愿祂的心意成就在我身上。"随后那天晚上我便离开了他。

次日早上伤口要被拆开，当时外科医生的认知是他将会即刻逝去。于是按照他的意愿，我早上到他那里，发现情形非常不乐观。我和他一同祷告，然后他肚子上的伤口被拆开。当那时，伤口处的腹腔肿胀外卷，如同褪色的青灰色内脏横陈其身，并且被刺穿。因此所有人都断定他不可能活下来。然而他们依然缝合了腹腔内的伤口，然后对腹部的创口施压，敷以药物，并填回他的身体里，然后将皮肤缝合，接下来便只能让他听天由命了。

但即使在这种情况下，他喉咙处和腹部的这两处很深的伤口都愈合了，同样我深信罪在他的灵魂上造成的更危险的伤口也得到了有效地医治。我花了很多时间陪伴这个身负重创的年轻人，并且，在他回家后，我收到了来自那个镇上的牧师撒母耳·哈代先生（Mr Samuel Hardy）的来信。我将信中的部分内容记在下面。

> 亲爱的先生，
> 　　对您所经历的悲伤之事，我深感不安，但确实非常高兴他的身体和灵魂能被

> 您照看。您和他一同承受了很多痛苦，我盼望这都有神的美意。在我看来，并且我深信，以这种方式所成就的伟大且整全的工作是前所未有的。永远不要对这样的善行感到倦息。我认为只此一件特别的事情便足以让你一生沉浸在主的工作中……

哦，神引导人归向基督的护理之工是多么难以测度。人却万不可因恩典丰富而激发犯罪。这些都是神的怜悯罕见且非凡的彰显，不是任何一个自以为是的罪人可以期待得着的。这件事发生的唯一目的是为了神的护理之工得着荣耀，而其挽回罪人的方式是我们无法理解的。

神的护理将许多特别的境遇拼接在一起，首要是为了唤醒和奋兴人的灵魂，并以同样奇妙的方式继续做工，直到这善工得以完全。 下面是它成就的两种方式。

首先，通过复苏和振兴人对罪的认知和忧虑。人的内心经历最初的苏醒后，倾向于失去其起初对罪忧虑的觉察和印象。但神的护理敏锐且有效地防止这样的事情发生。有时神的护理引导牧者的讲道和信息，使其恰好贴合当时的情况，如同对某人的情况经过专门的研究和预备，刻意那么说。我经常碰到这种情况：很多人宣称他们惊讶地听到牧师所讲的信息，正是当时他们内心的想法，而那位牧师实际上对他们一无所知！有时神的护理将人们带到一些适合当时境遇的激励人心的经文前，使他们的内心被触动。有时允许人们陷在新的罪里，从而再次激起他们对前事的所有困扰，使其良心被注入新的效能和活力。这世上充满了所有类似情景的实例，因为大多数基督徒都亲身经历过这些事，我这里就不需一一赘述了。基于这里的描述，只要稍微回顾过去的年日，你们就能回忆起类似的经历，或者至少是在一些细节片段里，所经历的神的护理为你们而行的事。你们是否已经发现神的护理藉着一些杖或其他预备好的方式，将你们从自我安好的状态中唤醒？嗨，对基督徒而言，时不时地预感到自己的内心将会陷入忧伤的状态，这实在是一件非常普通的事。

其次，神的护理通过预备、支持、安慰和鼓舞的方式，托住并抚慰正在承受重担、即将身陷困顿的灵魂，并极大地辅助了圣灵在人心里的工作。我记得波顿（Bolton）先生和我们提起的一件案例，是同时包含这两种情况的，重拾对罪的认知，以及在深陷困境之时恰如其分的支撑。有个人在认识到自己的罪后离开了道德败坏的同伴，开启了一段改过自新的人生篇章。但是之后因旧日朋友的怂恿，撒旦的诡计和自身内心的堕落，他再度陷入罪恶之中。再后来神的护理让他看到圣经，箴言一章 24 至 26 节，这再次激起了他的烦闷，是的，愁苦比之前更甚，以至于他认为这样下去，自己所犯的罪将无法被赦免。就在这种情况下，路加福音十七章4节呈现在他眼前，使他得以甜蜜地安歇在确定和荣耀的平安中。

我们无法忘记当那位温文尔雅的哈尼伍德（Honeywood）女士身陷窘境时，神的护理在她身上所做的奇妙大工。当时她的内心被深切而悲伤的抛弃感所占据，不肯受安慰，似乎已经对神的恩典和怜悯绝望了。有一天，与她同在一处的、一位受人敬重的牧师试图对其绝望的态度加以劝勉。她便从桌子上拿起了一只威尼斯玻璃杯，说道："先生，就如同这只玻璃杯即将要破碎一般，我也注定是被咒诅的。"随即用力地将玻璃杯摔在地上。但是令两人惊讶的是，那只玻璃杯竟然完好无损，声音清亮，牧师赞美着将玻璃杯捡起，驳斥了她的假设，告诉她这是神的护理为她的缘故施行了何等的奇迹，而这一切大大翻转了她内心的态度。"深哉！祂的判断何其难测，祂的踪迹何其难寻！"（罗马书十一33）"看哪，这不过是神工作的些微，我们所听于祂的是何等细微的声音！"（约伯记二十六14）

读者，现在让我对你们的内心有一些劝勉。你们是否已经充分意识到在承受如此贵重的恩典的同时，也有着对神的护理应尽的义务？哦，看神的护理在你们身上所成就的一切！经由神的护理，人类享受着诸般的恩典，无与伦比，也没有任何益处可与之相较。

当你们对于归信几无所思之时，它是否引导你们进入归信之途，并为你们预备相应的途径和机缘？那段回忆对你们的灵魂而言是何等的宝贵、愉悦！我认为你们每次回忆的时候都应该心被消化、灵被触动。当你们认认真真地考虑下面的种种要素时，应该明白如此恩惠对你们而言，非同其它凡俗之物，应是日久弥新的。

神的护理之功在那日对你们所施的恩惠是何等地令人惊叹！神的护理在你们身上的设计，虽然你们不能理解，却是为了你们永恒的益处。恩惠的日子现今已全然到来。至于目前外在的方式和器皿，神的护理之手自永恒中运筹帷幄，即将赐下这一怜悯，恩典的计划必将在神的护理之手下达成。即使在你们尚无法理解其意的时候，神的护理按着它的心意使万事互相效力。回顾之前所提及的所有案例，你们会发现那些人如同扫罗，早上出去"寻找他父亲的驴"，并不知道王位要临到他（撒母耳记上九3、20），同样也是在人不经意的时候，神圣的归信之工也在他们的内心发动。神的护理可能确实会在那日向你们宣告，如同基督对彼得所说的："我所做的，你如今不知道，后来必明白"（约翰福音十三7）。神的意念非同我们的意念。如同天高过地，祂的意念高过我们的意念，祂的道路高过我们的道路。 当撒该爬上无花果树看路过的基督时，并不知道基督对他有着怎样的恩典计划，也不知道基督会藉着当时的机会成了他的客人和救赎主（路加福音十九5-8）。你们中很少人会去思想神的护理的目的是什么，当你去听这样的一场布道，有些人是循着习惯，有些人是因为好奇，甚至是出于更糟的动机。哦，神的道路是多么令人惊叹啊！

神的护理在那日所施行的恩惠是多么地非比寻常、且合乎时宜。它使救赎之法在最好的时候临到你们。正当天使搅动那水的关键时候，你们被带至水池那里（约翰福音五4)。如今就是接纳的日子，圣灵正在依指令或旨意引你们归信，并将你们置于蒙恩之路中。或许你们之前已经听过成百上千次布道，但是之前并没有给你们带来任何改变，因为时机未至。上主一如既往地以其话语呼召这样的男男女女。神的护理宣告道："主啊，他在这里，我已经将他带到祢的面前。"在同样的布道中，诸多他人并没有收到如此的恩惠。你们自己之前或许已听过很多次，但是从未如这般获益。正如经上所记："先知以利亚的时候，以色列中有许多长大麻风的，但内中除了叙利亚国乃曼，没有一个得洁净的"（路加福音四27)。因此在你们领受神话语的那天，有许多可怜的、未归主的灵魂在你们左右，或许那天除你们以外没有任何人承受救恩。哦，在那时将你们置于蒙恩之路中的神的护理是配得称颂的！

神的护理在那日对你们的灵魂所施行的恩典是何等重大且意义非凡。神的护理之手向人子所施的大小恩惠是何等多种多样。它的双手满了祝福。健康和富足，尊荣和欢乐，连同基督和救恩都在它的手中。这个世界满了它左手的恩惠，但是它右手的祝福，其珍贵是难以用价值衡量的，且只有少数人能够得到。它为人所成就的事们类繁多，但其中最珍贵的，就是带领和引导他们归向基督。不妨思量一下，在所有的怜悯中，引人归向基督所要越过的困难是最多和最大的（以弗所书一 19、20）。

这是一种属灵的恩惠，其尊贵从本质上要超越任何其他的事物，要比金子相较于你们脚下的灰尘更加超越（启示录三 18）。一件这样的礼物要远胜于千万个其他的恩惠。

这一恩惠是从神拣选之爱的泉源中直接流淌出来的，单单赐给被拣选的器皿（帖撒罗尼迦前书一 4、5）。

这一恩惠确保救赎万无一失。我们无论是追溯，从归信论到拣选；还是展望，从归信论到救赎，都是一样（希伯来书六 9）。

最后，这是一个永恒的恩惠，即使当你们的父母、妻儿、财产、名望、健康和生命辜负你们时，它仍会一直伴你们左右（约翰福音四 14）。

哦，因此要为神的护理将你们安置在恩典之路上的这一节点，留下一个特别的标记。它所为你们成就的，是所有地上的牧师和天上的天使永远都无法做到的。这一恩典赋予了一些最不起眼的相关境遇以分量和价值。

第四章
我们的职业

就你们身体和灵魂这二者的益处而言，神的护理的另一卓越的表达，体现在它命定你们在这个世界中的职业和呼召。它不仅关注你将来在天国中的福祉，也同样在意你们今世的益处，而这是和它呼召你们所从事的工作和职业息息相关的。

神的护理关于我们公民呼召方面的作为，非常迷人地显示于下述事项中。

引导你们在年少时进入一种职业，而不是放任你们过着懒散、无用和罪恶的生活，像诸多如此过活之人一样，只会成为世界的负担、社会的囊肿，只会造成损害和消耗，以他人的劳动成果为食。罪带来了"汗流满面"（创世记三 19）。但现在，逃避"汗流满面"使罪恶加增。一个懒散的人不可能正直地生活，对此已有足够清晰的提示（帖撒罗尼迦前书四 11、12）。但是当神将人安置在一项合法的呼召中时，让他们的双手或者头脑的劳作足以养生，这是非常宝贵的恩典。他们能以此"吃自己的饭"（帖撒罗尼迦后书三 12）。许多本是令人悲伤的试探在喜乐中被阻止，他们通常在帮助旁人的慈善事业中实现自我充实，"施比受更为有福"是确定无疑的。

安置你们在世上从事一门不仅合法，而且最为适合你们的呼召和职业。有很多人受雇从事罪恶的贸易和技艺，仅仅是为了满足另一些人的私欲。他们不仅在履职过程中犯罪，而且他们的职业本身就是罪恶的。他们为地狱从事交易，是魔鬼的代理人。以弗所的底米丢和同行的工人通过制作亚底米神龛谋利（使徒行传十九 24、25），也就是带有折叶的小盒子或箱子，里面安置着那个神像。这些神龛在人们游行时被随时携带，以荣耀他们的偶像。时至今日，仅仅是为了满足这个堕落的时代所谓的傲慢和繁荣，有何等多不道德的技艺和职业出现，且有大量的人赖以为生！

现今拥有一份正直、正当的工作，可以不在其中为私利而羞辱神，并不是一份可有可无的恩惠。若是这份职业不仅本身合法，且和你们的天赋和优势相符，就是有双重的恩惠在内了。一些可怜人所从事的工作耗尽了他们的时间和体力，使他们的生活充满了不适。他们在世上所从事的职业不仅是费时而无益的，并且很少或几乎没有给他们留下任何时间去寻求他们普遍性的召命。所有的一切仅仅是为了他们和他们的家人谋求生计而已。因此，如果神已经赐下一份适合你们的正当工作，使你们较他人而言少了许多重压，有更多的时间从事属天的操练，要将这份恩宠归功于神的护理对你们特别的看顾。

给你们在世上安排这样一份职业和呼召，而这可能是你们自己或你们的父母都不曾期待你们可以实现的。 我们之中这样的人，就这个方面而言，应该对神的非凡护理满怀感恩。神为他们所预备的道路，完全超出了他们和他们父母所能计划的。留意罗盘中的指针一会指向这边，一会指向那边，并会一直转动直到针尖定格在北面。我们在世上的轨迹也是如此。一个孩子现在这样打算，之后是那样打算，但是最终会在神的护理所命定的职业里安定下来。在神的护理所运转推动之下，万事是何等地不同凡响啊！要知道并非是我们或我们父母的谋划，而是神的旨意必定成就。阿摩司刚开始从事的职业十分卑下，但神预备他从事一份更为尊贵和舒心的工作(阿摩司书七14、15)。大卫跟在母羊的后面，他在年幼的日子里可能从未将思绪放在更高的事情上，但是神使他作王执仗，牧养另一群更佳美的羊(诗篇七十八70、71)。彼得和安德烈曾以捕鱼为业,但是基督呼召他们从事更崇高的工作,"得人如得鱼一样"(马太福音四18、19)。帕雷乌斯(Pareus)在他十四岁的时候,在继母的鼓动下,跟从一位药剂师做学徒。但是神的护理动工,让他从那里离开,投身在一项事工里。在那里,他成为了教会里卓越的神的器皿,硕果累累。詹姆斯·安德里亚斯(James Andreas)曾因为父亲无力继续供养他的学业,打算成为一名木匠。但之后他在友人的劝说和教会肢体的支持下,被送至斯图加特,在那里进入大学,最终在教会中因其服事而声名显著。建筑大师厄科兰帕迪乌斯(Oecolampadius),其父亲曾期望他成为一名商人,但是在其母亲的迫切恳求下,得以继续学业。他之后成为宗教改革中被神所重用的器皿。我可以轻而易举地举出很多诸如此类的事例,但稍稍列举即可印证。

保守你们的资产免于毁坏。"祢岂不是四面圈上篱笆围护他和他的家,并他一切所有的吗?"(约伯记一10)这是神的护理的围护,保守我们因祂的恩典,在正当的工作中所得的收获。

让你们的工作足以满足你们的需要。这是摩西为犹大支派所做的祈祷:"愿他手中的能力在他为足够"(申命记三十三7)。如果你们的处境也是如此,这是非同小可的恩惠。有些人有工作,但是无力完成。另有一些人有能力,但是却无对应的工作。有些人有能力，也有工作，却是不能满足他们和家人的需要。若是神祝福你们的劳作，并通过你们手所做的赐给你们和家人在世的需用和慰藉，这是神选择性的护理，是应该以满心感恩为念的。

如果有敬畏神的人抱怨说，尽管他们有一份工作，但是过于辛苦和繁重，占用了大量的时间，那本是他们乐意分配在其他更好的工作上的。我的回应是神的护理的智慧预见到那恰恰是最适合你们的工作。倘若你们更为轻松惬意，有可能你们会经历比现在更多的试探。你们目前日常的工作所需的时间和精力，若不是用来在工作中服事神，则可能会被耗费在其他欲求中，并可能在其中事奉魔鬼。

此外，正是如此，或许你们的健康得以更好地维持，正常的休养让你们更觉甘甜。"劳碌的人不拘吃多吃少，睡得香甜；富足人的丰满，却不容他睡觉。"(传道书五 12)

论及服事神，如果你们有一颗追求属灵的心，你们也会在自己的这份工作中享受到许多和神的相交，这是可以在闲暇和休息的时间实现的。除了工作的时间，你们不是还有更多的空闲来服事神吗？

"但是我全部的劳作依然很难满足我和家人的生活所需。和其他人相比，我总是短缺匮乏，这是很令人沮丧痛苦的事。"

尽管神的护理之智慧使你们处于一个较他人而言

相对更低更匮乏的状态，但想想在这个世界上有多少人要比你们更加艰难。你们在世上所拥有的不多，但其他人所拥有的更少。读一下对那些人生活的描述(约伯记三十4等)。若神赐你们并不多的属世之物，但你们若是敬虔的人，祂已经应许总不会丢弃你们(希伯来书十三5)。神的护理为你们所预备的境遇，是真正最适于你们永恒的益处。如果你们在世所有的超过你们现在所拥有的，你们的心思意念也许并不足以使之物尽其用。小船必须配以窄帆。你们至今从未缺乏过生活的需用，并且听过这样的教导："有衣有食(即使均不属上好)，就当知足"。"一个义人所有的虽少，强过许多恶人的富余。"(诗篇三十七16)亲手所得的更好，己手所栽的更甜，已然拥有的更让人舒畅。

那么，如果神的护理如此安排了你们的一切，让你们可以自食其力，使你们从劳作中所得的不仅可以方便地满足你们和家人的需要，并且还使你们有余可以用作对他人的慈善，而这些都是以出乎你们预料的方式出现的，那么就让感激和尊荣都归于神这样的安排。你们是否将从今日开始称呼祂为："我父啊，祢是我幼年的主"(耶利米书三4)？毫无疑问，正是上主一如既往地引导你们，如同在你们年幼的日子里一样；愿你们从如今直到最后的时日，都如同神的护理使你们在年幼时所收获的一样丰富。

为了确保你们尽职地回应神的护理在此方面的作

为，存敬畏神的心，不滥用神为你们的安舒所赐的，使祂的名免于蒙羞。我将会在此处提及少许必要的警示，以防止这样的事发生，然后概括总结这部分的内容。

在你们的工作中不要怠惰散漫。传说中，奥古斯都修建了一个阿帕拉戈波利斯（Apragapolis），一座无需工作的城市。但是我确信神绝对不会为此目的建立任何类似的城市、乡镇或者家庭。给亚当的诫命（创世记三 19）无疑同样适用于他所有的后代，而圣经中其他的劝诫对基督徒也有同样的要求（罗马书十二 11; 帖撒罗尼迦前书四 11）。你们若是在此事上疏忽，便不可算为无辜。

然而不要太过于投入在你们的具体工作上，以至于让它们干扰你们的普遍性召命。谨防在忙碌繁重的世俗工作中遗忘了你们的神。留心听从这严肃的劝诫："但那些想要发财的人，就陷在迷惑、落在网罗和许多无知有害的私欲里，叫人沉在败坏和灭亡中。"（提摩太前书六 9）。奥诺（Oenoe），一个临近雅典、水资源缺乏的岛屿，其上的居民为了让土地肥沃，而投入大量劳力将一条河引入以灌溉。但是当闸门开启的时候，水流大量涌入，以致于将岛淹没，这些居民也因此丧命。教训是显而易见的。塞涅卡有一句名言："我并不是赠予，我只是将自己借给了工作"。

永远铭记你们的工作以及地上职业的成功是基于神的祝福，并不仅仅是依靠人的勤奋。"你要记念耶和华你的神，因为得货财的力量是祂给你的。"(申命记八18) 魔鬼自己到目前为止，在这件事的认知上是符合正统的："祢岂不是四面圈上篱笆围护他和他的家，并他一切所有的吗？他手所做的都蒙祢赐福；他的家产也在地上增多。"(约伯记一10) 因此要在祷告中将你们的事交托给神。"又要以耶和华为乐，祂就将你心里所求的赐给你。当将你的事交托耶和华，并倚靠祂，祂就必成全。"(诗篇三十七4、5) 此外不要在祈求祝福的祷告中，鲁莽地交托那些无法被神称许的事。

要对神的护理为你们安排的身份和职业心满意足，不要见异思迁。"各人蒙召的时候是什么身份，仍要守住这身份。"(哥林多前书七20) 神的护理之智慧要远远高于你们的智慧，因此，论及你们的永恒福乐，相较于随你们己意作出的选择，你们应该对神的护理的所有更好更适切的安排充满信心。

第五章
家事

无论从圣经的教导还是圣徒的见证,都可以清晰地看到神的护理是何等奇特地掌管着我们的婚姻。圣徒在这件人生大事上也始终承认并感谢神的护理的带领。举个二者皆适用的例子,圣经明确宣告神的护理对此类事的主权。"贤惠的妻是耶和华所赐的。"(箴言十九 14)"得着贤妻的,是得着好处,也是蒙了耶和华的恩惠。"(箴言十八 22)论到儿女亦然:"儿女是耶和华所赐的产业,所怀的胎是祂所给的赏赐"(诗篇一百二十七 3)。

圣人当有关嫁娶的情况临到时,即寻求神的指引和训诲,这是他们的一贯做法。毫无疑问,亚伯拉罕在那事上受到的鼓励源自祷告的果效。他那位受雇于此的虔诚仆人，亦恳切地寻求神的帮助，同时感恩地称颂神仁慈的护理在整个过程中的引领（创世记二十四 7、12、26、27）。

我们可以在婚姻的果实——孩子身上得到同样的观察结果（撒母耳记上一 20；路加福音一 13、14）。神的护理以各样的方式显明，让我们的心在爱中，与为我们施怜悯的神相连。

神的护理在**为双方命定彼此**上极为清晰可见。在此事上，神常常超出我们的想法和计划。是的，神为了使人们得到最大的益处，常常与他们的愿望和筹划相违。实际发生的，并非他们所期待的，而是神无限的智慧所判定，对他们最好和最有益处之事。因此，在神的护理奇妙莫名的运行方式里，料想之事时常破灭，看似遥远和绝无可能之事却成就了。

神的护理的作为也显著可见于**气质和性情的和谐与相宜**中，而我们生命的宁静与安舒很大一部分即源于此。或者至少，即便他们的原生性格和所受教育在此之前并不那么和谐，但是在他们来到神的这条指令之下后便会如此："二人（要）成为一体"（创世记二 24）。不仅是就遵行神设立的制度而言，更是在涉及爱和情感的层面上。以至于在不久前互为陌生人的二人，变得比至近的血亲还要亲："因此，人要离开父母，与妻子联合，二人成为一体。"

除此之外，**在使人有助于另一半的永恒益处**上，神的护理尤为显著："你这作妻子的，怎么知道不能救你的丈夫呢？你这作丈夫的，怎么知道不能救你的妻子呢？"（哥林多前书七 16）。因此，郑重地劝勉那些丈夫是不信者的妻子，要藉着她们的品行而非律例感化自己的丈夫（彼得前书三 1）。

或者如果双方都是蒙恩的，那他们在共同生活"一同承受生命之恩"（彼得前书三 7）时，能获得何等非凡的支持和互助来促进他们永恒的益处！哦，神的护理配得赞美，引导他们在世上进入如此亲密的关系，一同承受属天的普世救恩！

在婚姻的果实——儿女身上，神的护理多么清晰可见！在世拥有后代，而非被弃如枯树一般；在儿女身上得安慰和喜乐是一项神特别的护理，给我们带来特别的恩惠。我们家庭中的破口若得以修复，要怀着感恩的心归功于神的护理之工。正如神在另一个处境中对教会所说的，祂会对人说，"你必听见丧子之后所生的儿女说：这地方我居住太窄，求你给我地方居住"（以赛亚书四十九 20）。

倘若把神所赐你们的份和世上许多其他人所拥有的相比，这些护理之工对你们而言就会显得更为可亲、可爱。你们只需环顾四周，就会发现许多人并不相合却同负一轭，生活与苦涩为伴。无论是在属世还是属灵之事上，他们的关系障碍重重。是的，我们在圣经的描述中发现有些蒙恩之人，他们在这世上的安舒中的很大一部分在这块石头上破裂。亚比该是一个谨慎、贤惠的妇人，却错嫁给了粗鲁吝啬的拿八（撒母耳记上二十五25）。著名的摩西受其妻子西坡拉的影响，在忽略了一项已知的责任上所受的试探是何等之大（出埃及记四24、25）。大卫受米甲的嘲笑（撒母耳记下六20），坚忍的约伯在一系列的苦难后从怀中之妻那里遭遇雪上加霜，而她本该是约伯患难之时的帮助（约伯记十九17）。

无疑只有神会为着祂子民的益处圣化那些杖责。如果苏格拉底知道如何转化从妻子粘西比所受的痛苦，达成培养忍耐的目的，那些在或甜或苦的护理中与神相交的人更应如此。然而，必须承认这对任何人而言都是令人难过的打击，如同通过使他们无法恪尽职守而使他们在事工上遭受重创（彼得前书三7），同时也断绝了生活中许多的安舒。

有多少人从未享受过婚姻愉快的果实，没有见到孩子，或至少没有机会享受来自孩子的喜乐！"耶和华如此说：要写明这人算为无子。"（耶利米书二十二30）或是即便他们有孩子，也无法以他们为乐："纵然养大儿女，我却必使他们丧子，甚至不留一个"（何西阿书九12）。这些人得孕儿女，却是白发人送黑发人。对他们而言，望之愈甚，则痛之愈切。

孩子和密友成为带给他们父母或朋友最大苦难的

工具，这类事并不稀有或罕见，以至于他们在经历世上其他一切的悲伤和困苦之后，最为亲密的关系紧随其后带来的痛苦，远甚于其他。哦，有多少父母像寓言中的那棵树般抱怨，他们的心已经被那些从他们自己身体上切下来的那些楔子劈得四分五裂了！以扫对于以撒和利百加来说是何等大的忧伤（创世记二十六34、35）！押沙龙和暗嫩对大卫而言是何等的灾祸！

那么，若神叫"孤独的有家"（诗篇六十八6），为荒凉之地建造房屋，赐你们愉快的人际关系，使这些成为你们日常安慰和从新得力的源泉，那么在许多相关的事上，你们有义务来回应这些仁慈的护理。你们应该明白应怎样以得体合宜的举止行动来回应这些护理的工作，在这些简短的提示中唤起你们应有的责任感吧：

将这一切带给你们安慰的护理之工的荣耀都归于神吧！你们会看到神的护理满有智慧、引导、治理，它掌管并命定万事，超乎你们自己的所谋所想。"人的道路不由自己，行路的人也不能定自己的脚步。"（耶利米书十23）所成就的并非你们的筹算，而是比你们心中所定的更为超越的安排。当神使义人雅各成为一家之主时，他在所蒙的怜悯中赞美神。"我先前只拿着我的杖过这约旦河，如今我却成了两队了。"（创世记三十二10）这份恩宠使他何等地谦卑和感动！"你向仆人所施的一切慈爱和诚实，我一点也不配得。"

神的护理领你们进入了如此蒙福的关系中，你们当切实履行相应的职责。你们领受如此多的爱和怜悯，切不可任意妄为。无论你们在何处得到安慰，神都期待从中得颂扬。这使大卫的罪愆显得尤为恶劣，因他竟敢藐视神在他家庭关系中所施予他的如此丰富的爱和怜悯（撒母耳记下十二 7-9）。

使你们的关系符合神的护理所设计的预期。在所承受的生命之恩里相伴同行，学习成为彼此的祝福。将此实践在你们的关系中，那么离别之日亦会变得甜蜜。死亡很快便会拆散家庭，那时唯有责任尽毕，疏忽得赦才能给人安慰。

神的护理的另一个恩典之举表现为祂时常供应我们及家人的所需。我情愿把这一类的护理归在此处，因为我发现圣经是如此分类的。"祂却将穷乏人安置在高处，脱离苦难，使他的家属多如羊群。"（诗篇一百零七 41）

你们知道神对祂子民的应许："少壮狮子还缺食忍饿，但寻求耶和华的，什么好处都不缺"（诗篇三十四 10）。你们岂不是也同样看见这应许不断应验吗？如果被问及同样的问题，你们是否会给出和门徒同样的答案："我差你们出去的时候，没有钱囊，没有口袋，没有鞋，你们缺少什么没有？他们说：没有"（路加福音二十二 35）？你们是否会同雅各一起，称祂为"一生牧养我直到今日的神"？（创世记四十八

15)。诚然,"祂赐粮给敬畏祂的人;祂必永远记念祂的约。"(诗篇一百一十一 5)

为了呈现神的这一护理,我们将从以下几方面考虑:

神的护理对圣徒殷勤和恒久的关怀。祂的恩典"每早晨这都是新的"(耶利米哀歌三 23)。祂不仅是供应你们的一、两项迫切需求,而是在你们一生中与日俱增的所有需要。"一生牧养我直到今日的神"(创世记四十八 15)。神的护理的关怀是和生命轨迹平行的:"雅各家、以色列家一切余剩的要听我言:'你们自从生下,就蒙我保抱;自从出胎,便蒙我怀搋。直到你们年老,我仍这样;直到你们发白,我仍怀搋。我已造作,也必保抱;我必怀抱,也必拯救。'"(以赛亚书四十六 3、4)因此神嘱咐以色列要追念"从什亭到吉甲所遇见的事,好使你们知道耶和华公义的作为"(弥迦书六 5)。读者们,我也要如此劝你们,从头到尾、自始至终记录神的护理的轨迹。如此,你们便能看见祂对你们而言是一位怎样的神。

神的护理对他们应时与合宜的供应,因为神曾如此应许"困苦穷乏人寻求水却没有,他们因口渴、舌头干燥。我耶和华必应允他们;我以色列的神必不离弃他们"(以赛亚书四十一 17),事便如此成就了。有时会以一种更常见的方式使困苦的圣徒得益,即神暗暗地赐下些许祝福,使我们和属我们的得以满足。

约伯告诉我们说:"我在帐棚中,神待我有密友之情"(约伯记二十九4),就是说他所得隐秘的祝福是在他们的帐篷内。他们正是由此缘故才得以存续,但其方式无法言说。有时神的护理却会以非凡的方式向他们施予供应,以至于你们会发现坛和瓶内必不减少短缺(列王纪上十七9-14)。

塞缪尔·克拉克(Samuel Clarke),记录了那位辛劳而谦卑的基督仆人约翰·福克斯(John Foxe)的生平中一例令人难忘的神的护理,可以为证。在亨利八世执政末期,约翰去了伦敦。在那里,他很快用光了来自朋友赠与以及自己勤劳所得的微薄积蓄,处于极度匮乏中。有一天,他坐在保罗教堂,长时禁食,面容消瘦,眼窝凹陷,举止如将死之人一般可怕,人人都对这种恐怖的情景唯恐避之不及。然而,一位素未蒙面之人来到他面前,把一笔不知总数几何的钱塞进他手中,嘱咐他打起精神,收下这个同胞馈送的一点小小心意。不要轻看自己,因为新的希望近在眼前,一种更稳定的生活几天之内即将来临。三天后,里士满公爵夫人(Duchess of Richmond)差人来邀请他住在自己的宅邸里,担任萨里伯爵(Earl of Surrey)孩子的家教,一切需用由她照管。

艾萨克·安布罗斯(Isaac Ambrose),一位可敬的神学家,他的劳作使他受到同代人的认可。在写给贝德福德伯爵(Earl of Bedford)的书信,即《末后之事》（Last Things）的引言中，举了自己个人经历中一件意味深长的事例。他如此说："于我而言，可以看到主赐给我贫乏微薄的外在之物，为此我称颂祂的名。论及由此的所得，我多次察验到祂奇特的护理，以至它们显得极为甜蜜，使我的心被提升，去赞美祂的恩典。最近，在一个不便提及的困窘之境中，我内心备受煎熬，一切惯常供应之源中断，带给我及家人的接济之水几近枯竭。我带着一些错愕和怀疑就寝，不知泉源是否会继续涌流，使我们重得安舒。但早上在我未醒之先，一封信被带到了我床边，署名是一位良友，安东尼·阿什（Antony Ash）先生。信中所提及的神美善的流露，不期而至，给我带来安慰。以下是他信中的部分内容："你的神，赐你一颗感恩的心，来记录你在祂恩典中的经历，现在祂要更新这些经历来鼓励你。现在我就要报告一件事，它会提升你的灵朝向赐你怜悯的神。"然后，他做出了令人愉悦的总结："神些许的供给，在需求最甚之时，应祷告而临，尤其是不期而至时，对于灵性的滋养比先前所有的享受更为甘甜"。

神的护理在赐我们供应上的智慧。这可见于它按需酌量，并不迎合我们的过分欲求，而是符合我们的实际所需；关顾我们的不足，而非我们的奢欲。"我的神……必使你们一切所需用的都充足"（腓立比书四19），这正符合最优秀、最明智之人的心愿，他们在神手中只求所需。雅各（创世记二十八20）和亚古珥（箴言三十8、9）便是如此。智慧的护理之工视我们的身份为朝圣者和客旅，因而在我们归家途中按需供应我们。它知道满溢和过剩对于大多数人的有害影响。这些人纵然被拣选，仍然何其容易忽略和忘记神（申命记六12）。他们的心如月亮，月满之时即为黯然失色之日。因而神的护理统御万事，让他们得着最大的益处。

神的护理之智慧也大大彰显于它配给的额度上。很多时候，它许可我们捉襟见肘，惴惴不安，为要凸显神在供应中的关切和爱（申命记八3）。神的护理如此安排，以便于信心和祷告介入我们的需要和供应之间，从而使神的美善在我们眼中更加显大。

现在，请允许我恳请你们：要思想神的护理的仁慈之手在你们一生中，对你们和你们的家人的预备及合宜的供应，至今从未令你们缺乏。并且，要尽力得体地行在你们蒙怜悯的经验中。为了你们能如此行，请让我向你们提供一些适用的提示。

你们要留心，不要忘记你们在诸多的成果和经历中亲眼见证过神的护理的关切和良善。神谴责以色列"等不多时，他们就忘了祂的作为"（诗篇一百零六13）。恶心和易逝的记忆夺去了人蒙诸多怜悯的安慰，窃取了神在他们身上应得的荣耀。

不要在未来的急难中怀疑神的护理。他们就是这样行的:"祂曾击打磐石,使水涌出,成了江河。祂还能赐粮食吗?还能为祂的百姓预备肉吗?"(诗篇七十八 20)尤其是在他们亲眼见过神在这等奇事上所显出的大能之后,这些不信的质疑是多么的不合理和荒谬。

不要在遭遇新的困境时发出牢骚和抱怨。这是一种可鄙的性情。然而当缺乏紧逼重压我们时,我们本能便会如此!啊,我们若是能正确理解罪的弊端,便会宁愿赞美神的慷慨,而非抱怨神护理的严谨。我们若认识到,神并没有义务以公平和感激来回报我们当尽的任何责任,我们的抱怨就会止息(创世记三十二 10)。

不要对神的护理为你们所划定的份和你们所得的抱有丝毫不满。你们当对一切它所预定的心满意足!说"用绳量给我的地界,坐落在佳美之处;我的产业实在美好。"(诗篇十六 6)凡神的护理所预定的必然于你们最好。终有一天你们自己将会得出这样的结论。

当患难临到你们时,不要忽略祷告。你看,神的护理分赐万有,这是你们赖以存续的根基。因此,在有需要的时候,你们当转向神。而这都显然包含在应许(以赛亚书四十一 17)和诫命中(腓立比书四 6)。你们若思念神,神必不会忘记你们。

不要因罪念使你们的心忧愁。基督说,"你们看那天上的飞鸟"(马太福音六 26)。不是门前的家禽,有人每日喂食,而是那些空中的飞鸟,饔飧不继,神却供应它们。记住你们与基督的关系,以及祂在应许中对你们的承诺,藉着这些,使你们的心在神的护理的一切分赐中获得喜乐和满足。

第六章
保守圣徒远离罪恶

众圣徒从神的护理之手中所领受的一项更为重大的恩典和怜悯，在于神藉着预防式的关怀保守他们远离罪的网罗和试探。神的护理拦挡了撒旦对我们的灵魂所展开的诸多致命的试探迷惑和毁灭性的刺戳冲击，这事实如同明光照耀般地真实。这也被涵盖在如下应许之中：神"总要给你们开一条出路，叫你们能忍受得住"（哥林多前书十13)。当灵魂被拘禁在试探的危险困境中时，神的护理预备了一条让其逃离的出路。在信徒中，有两种将试探的能力和效用破碎的方式是较为显著的。第一种是藉着内驻恩典的功效。"因为情欲和圣灵相争，圣灵和情欲相争。这两个是彼此相敌，使你们不能做所愿意做的。"（加拉太书五17）。换言之，当罪在灵魂中孕育时，成圣的护佑使其处于一个必将流产的子宫。另一种方式是通过神的护理的外在工作，也就是我打算在这里谈及的。

神的护理对于一个罪恶的世界而言，是巨大的屏障和阻碍。否则的话，罪早就如涛涛洪水般从我们堕落的天性中漫溢而出。神的护理遏制大量的罪，使恶人无法任意妄行（创世记十九11）。所多玛人贪婪纵欲，神按己意藉着使他们眼睛昏迷来制止恶行。耶罗波安意欲伤害先知，神的护理介入并使他的手枯干（列王纪上十三4）。所以你看，当恶人谋划、预备行恶的时候，神的护理施以镣铐，从而"使他们的手所谋的不得成就"（约伯记五12）。

要知道义人的内里尚存留着如此多的败坏。因此，若不是神的护理向他们施行了比他们为自己所做的更伟大的看顾，他们无疑会使自身陷入到比他们所行的更多的过犯之中。因为，即使他们按着良知保守己身，每日省察自己的内心和道路，但若不是神的护理设障拦阻，罪的迷惑便会更频繁地来纠缠和污损他们。神的护理的干预通常有下面几种方式。

有时藉着激动旁人及时地劝告来介入，从而有效地拦阻人们实施有害的筹划。例如，亚比该及时去见大卫，劝阻他放弃恶意的打算（撒母耳记上二十五34）。

我还找到那位敬虔人杜德先生（Mr. Dod）的一

个相关回忆，作为上述说法的另一个印证。他一天深夜在书房时因着强烈的感动，要在一个不合时宜的时间，去拜访一位他认识的绅士。当时他并不清楚神的护理在其中的心意，仍然顺服前往。当他抵达那处宅邸，一阵叩门之后，那位绅士亲自接待，并询问他来访有什么具体的事宜。杜德先生回答说，没有，但就是在见到他之前，内心没有平安。这位绅士答复道，哦，先生，是神差遣你在这个时间出现，因为就在刚刚（边说边从他的口袋中拿出来那段绞绳），我正准备自我了断。一场不幸就这样被阻止了。

有些时候是通过阻碍罪的手段和工具，藉此让罪恶自行搁浅。因此，当义人约沙法联合恶王亚哈谢在以旬迦别造船要往他施去时，神藉着一场风暴将船破坏，阻止了这个筹划（历代志下二十 35-37）。

在伯格萧先生(Mr. Bagshaw)记录的波顿先生(Mr. Bolton)的生平中，我们也可以发现类似的情景。当波顿先生在牛津时，和安德顿先生（Mr. Anderton）相熟，安德顿先生是一名卓越的学者，但也是一位坚定的罗马天主教徒。知晓波顿先生天赋的他，当意识到波顿先生在物质上的窘迫时，就利用这机会，费劲口舌试图劝说波顿先生和罗马教会和解，并和他一同前往英国修道院，许诺其衣食无忧及足量的金钱。当时，波顿先生不仅囊中羞涩，且缺乏必要的判断，就接受了邀请，并在兰开夏约定了日期和地点，他们计划在那儿会合并乘船离开。然而安德顿先生并没有如期赴约，波顿先生因此从网罗中逃脱。

有些时候藉着使身体承受一些严重的磨难，来防止更糟糕的罪恶。这就是经文"我必用荆棘堵塞她的道"的寓意（何西阿书二6）。因此巴西尔（Basil）留意到神的护理藉着使他一度长期经历剧烈的头痛来抑制纵欲。保罗肉体上的刺，是撒旦差役的攻击。这一苦难，无论是什么，被使用让其免于自高（哥林多后书十二7）。

有时藉着圣徒从神的圣谕中得着更好的信息，罪恶得以被拦阻。亚萨因恶人的安逸和自身的苦境而心中开始浮现罪性的动向，并且到了一个程度，以致于开始思忖他按照信仰所行的几尽徒然。但后来亚萨因着进入圣所，神在那里向他启示如何从新思量众人和世事，即照着他们的结局和结果，而非他们当下的表象来判断他们。于是他被重新归正，那试探就此得以消解（诗篇七十三12、13、17）。

有些时候，神的护理为了阻止祂的百姓犯罪，**藉着死亡将他们迁离试探之路**。从这个角度我们也许可以理解这节经文："这义人被收去是免了将来的祸患"（以赛亚书五十七1)，以及罪的恶毒和苦难。当上主看到他的百姓灵里低迷、无法胜过强烈试探和诱惑时，神仁慈的护理为着他们，藉着死亡临到，救他们脱离伤害。

哦，圣徒，现在来思想并赞美神的护理吧。神对你们灵魂的顾念要远超过你们自己所有的。若不是神的护理在你们身上所做的拦阻的工作，也许你们的年日中多有"玛歌珥米撒毕"。[1] 上述神的护理所做的拦阻，使大卫的心为之触动（撒母耳记上二十五32-34）。他称颂上主，因祂藉着使用器皿（亚比该）和那番劝勉，保守他的灵魂免于犯罪。请仔细思量这事例中的一些细节。

想想看若没有神的护理藉着你们所听到的一些方式做拦阻的工作，你们堕落的本性将会多么频繁地激发你们犯罪的趋向，以至你们所承受的全部内在恩典亦不足以抵挡那股力量。"但各人被试探，乃是被自己的私欲牵引、诱惑的。"（雅各书一14）你们会发现自己只不过是试探狂风中的轻羽。

你们曾如此濒临犯罪的边缘，却被神的护理的恩慈之手挽回。盼望你们不会如人所言："我几乎落在诸般恶中"（箴言五14），"我的脚几乎失闪；我的脚

---

[1] 编注：四面惊吓的日子或事件。参：耶利米书二十章3-4节：次日巴施户珥将耶利米开枷释放。于是耶利米对他说："耶和华不是叫你的名为巴施户珥，乃是叫你玛歌珥米撒毕（就是'四面惊吓'的意思），因耶和华如此说：我必使你自觉惊吓，你也必使众朋友惊吓，他们必倒在仇敌的刀下，你也必亲眼看见。我必将犹大人全交在巴比伦王的手中，他要将他们掳到巴比伦去，也要用刀将他们杀戮。"

险些滑跌"(诗篇七十三 2)。哦，神满有恩惠的护理实在是你们随时的帮助！

有多少人被任凭因着罪的试探而堕落，信仰遭责难且自身的良知受创，至今无法重拾昔日的平安，余生苟延残喘在那没有慰藉的世界里！

如果神没有在攻击你们的众多试探中施行仁慈的救拔，你们将是怎样一种悲惨的景象啊！我告诉你们，你们永远无法数算从这种神的护理彰显的方式中所得的恩典是多么丰富。你们的名号甜醇甘美，你们的良心宁静平和，这两种恩惠岂不如你们双瞳般珍贵？即或不是全部，你们岂不确实应将其中的绝大多数归功于神的护理所赐的扶助和支持？在这个充满危险和试探的世界中，它始终贯穿于你们走过的路上，直到如今。

因此也要合宜地履行这项对于神的护理的责任。要意识到你们应该心怀感恩的亏欠。不要将你们能脱离罪恶归因于巧合或者是你们自己的警觉和智慧。

另一方面，要明白你们应该尽本分保守自己，而非通过无规律地依赖于它施与你们的看顾来试探神的护理。"保守自己常在神的爱中"(犹大书 21)，"你要保守你心，胜过保守一切"(箴言四 23)。神的护理虽然会保守你们，却是在你们自己的职责之内做工。

因此你们可以看到神的护理在保守你们灵魂上所施的看顾，拦阻那些本将会以试探的方式临到你们的属灵危机和苦难。

接下来的部分，我将会向你们展示神的护理同样看顾你们的肉体，在无数的灾害和危难中用极大的温柔将你们守护在祂的膀臂中。"保护以色列的，也不打盹，也不睡觉。"（诗篇一百二十一 4）"祂是鉴察人的主。"（约伯记七 20）为了向你们彰显神的护理的荣耀，让我们一起来思量一些至善之人有时所面对的险境，以及神的护理在那些危机中藉着怎样的途径和方式来保守他们。

在这个世界上，我们时常陷入诸般的危险中。使徒保罗向我们大体描述了他所经历的危险（哥林多后书十一 26）。我们的性命在一些那样的险境中未被夺去，是何等大的神迹！

我们之中是否有人如此频繁地经历极其危险的灾病和疾患，几近行将就木（约伯记三十三 18、21、28）。或许，我们会和希西家一同悲叹："我说，正在我的中年之日，必进入阴间的门；我余剩的年岁不得享受"（以赛亚书三十八 10）？我们自己是否时常面对死亡的判决？正如有人所做的贴切类比，我们的肉体在那时岂不如风暴中一艘破损的船，水从四面灌入，随时可能覆没？[2] 然而神一如既往地保守、修补、更新我们。如此不受控的身体在历经艰险多年后，依然被

---

[2] 参：古德温（T. Goodwin）所著《罪的恶化与恩典的对抗》（*Aggravation of Sin against Mercy*）。

保守存续，这是何等大的奇迹。无疑这要比看见一只被流转使用长达四五十年，虽经过多次磕碰和跌落，却依然完好无损的威尼斯酒杯更要令人惊奇。[3] 如果你们在健康中喜乐，或者从疾病中恢复，是因为神"不将……疾病加在你身上，"或是因为祂是"医治你的主"（出埃及记十五26）。

神的手曾多少次在那些充满混乱和公共灾难的年日里，在那些刀剑浴血，残暴屠戮的岁月，当你们孱弱无助、惊如猎物的时候，拯救你们中的一些人脱离诸多致命的危险！大卫就此特别地感叹："主耶和华，我救恩的力量啊，在争战的日子，祢遮蔽了我的头"（诗篇一百四十7）。

贝扎（Beza），在第一次内战的时候身处法国，在那里颠沛流离的二十二个月中，他记录了六百次从危险中脱身的经历。在他最后的遗嘱里，贝扎郑重地向神感恩。如果刀剑不曾摧毁你，那是因为神没有允许。

你们中的许多人曾见证过临到深处的得救奇迹，那明显是神的手亲自伸出，向你们施行拯救和救赎。这在诗篇一百零七篇23至27节有着优美的描述（我

---

[3] 一种玻璃杯或高脚玻璃酒杯，或喻稀有的纯净和极端的敏感性。

在他处会详细地解释⁴),对此你们或许会受感如诗人那样用象征性的语言说:"若不是耶和华帮助我们,那时,波涛必漫过我们,河水必淹没我们"(诗篇一百二十四 1、4)。来看看你们面前这些经年在海上度日的人们,⁵ 你们也曾听闻,在海上你们时时命悬一线、危如累卵,那时你们如水手般,在活人或死人中都不被记念。哦,是什么原因让你们颂赞伟大的保守者?成千上万的同行人已然逝去,你们依然在活人中赞美上主。整日里你们比其他人更加贴近永恒,时常在海上经历莫大的凶险。当然这一切和诸多的拯救必然大声呼召你们报以最衷心的感恩和感谢。

神保守我们经过不计其数的危难和变故,其中最轻微的也可能是他人无法承受之重。我认为我可以保守地说,你们所蒙受的这种个人化或积极的恩典在数量上比你们的头发还要多。千千万万这些我们不曾见到或明确意识到的危险,虽是眼不能察,但我们的神都看到了,并且在我们陷入恐慌之前就将我们从危险中救拔出来。而有些恩典是我们显而易见的,这些经历是如此不同寻常,以至于我们直到如今都无法悟其

---

⁴ 见《水手的同伴》(*The Seaman's Companion*)。
⁵ 弗莱维尔在达特茅斯会众的大多数大概是由海员等组成。

精妙，述之以言。但我们的灵魂确实常常被那些恩惠深深地感动。

据记载，大约在玛丽女王执政的初期，我们那位著名的朱厄尔（Jewel），[6] 被宗教法庭拘留在牛津。他在一天晚上逃往伦敦，冥冥之中却因着迷路避开了追捕他的审讯者。然而当天晚上他经历了另一个几乎使其丧命的危机，在雪中茫然行走让他饥寒交迫，最终晕倒在路上。正在他奄奄一息，挣扎求生的时候，拉蒂默（Latimer）的仆人发现并救了他。

继续罗列诸如此类的例子或史实并不是一件难事。但是我认为我们中绝大多数人都亲身经历过，因此我宁愿选择继续尽力向你们阐释所施与你们的这些神的护理的意义，以使你们可以因所得的怜悯而对神作出恰当的回应，而不是继续赘述此类的例子。为此我盼望你们严肃地思考以下这些特别提醒：

思量神的护理是怎样护佑你们，让你们的生命可以存续直到今日，且满有价值和安慰。看看周围的世界，你们每天都会发现处处有人是可怜的对象，他们因不幸的意外丧失了生命中所有的安舒，孑然一身。而与此同时，神的护理直到今日都温柔地护佑了你们。

---

[6] 约翰·朱厄尔 (John Jewel, 1522-71)，索尔兹伯里主教，广为人知的《英国教会的辩护》（*Apology of the Church of England*）的作者。

"又保全他一身的骨头，连一根也不折断。"(诗篇三十四 20) 你们俊美的形体岂不是未曾损坏，你们的肢体岂不是无残缺畸变、无诸类苦痛，不曾失去任何功用？为什么呢？这是因为神的护理自从你们出母腹后从未离弃你们，而是在每一处都以它鉴察的眼目和温柔的双手守护着你们，对你们尽职尽责。

思量尽管你们肢体的每一部分在蒙受如此体贴看顾的情况下，却依然成为罪的器具对抗神。不仅是在你们尚未归信的日子里，即"将你们的肢体献给罪作不义的器具"的时候 (罗马书六 13)，更是在你们决定照盟约将肢体献给神为侍奉的专用器皿之后。然而神的护理对它们的看顾是多么地温柔！你们曾常常激怒神来全方位地折磨你们，给已成为道德之恶器具的肢体上招致当惩罚的罪恶。哦，但祂对你们的悲悯是何等的大，祂的忍耐是多么地令人惊叹！

思量神的护理在所有向你们彰显的温柔看顾中有着怎样的目的？为什么要如此孜孜不辍地护佑你们，使你们免遭恶事？你们岂不是应当将身体献上为神所用，满怀喜乐地投身至祂所呼召你们的侍奉中？此无疑是这些恩惠的最终目的，否则为你们所付的重价又为了什么呢？你们的身体同你们的灵魂一样，是属于基督所赎买的 (哥林多前书六 19)。它们在天使的掌管和庇护下，蒙受许多的服侍 (希伯来书一 14)。它们被你们自己献上归给主，是最体现其价值的 (罗马书十二 1)。它们在这世上已成了众多恩典的主体 (诗篇三十五 10), 也将在来世分享非凡的荣耀和喜乐 (腓立比书三 21)。 这样说来，它们岂不应为神所用，在服事祂的喜乐中殚精竭力吗？是的，它们本当如此，这是多么地合乎情理啊！你们的身体若不是预备为神所用，为何被神如此温柔地保守呢？

第七章
成圣的工作

有一项神的护理赐予圣徒的极大恩宠，到目前为止尚未被提及，确实有时也不太被我们留意，那就是神的护理在神的百姓克制己身时所提供的支持和帮助。

约束我们对罪的恋慕和放纵，只是成圣的一面："向罪死，但是向神活"（罗马书六 11）。这是我们的心向基督的显著印证（罗马书六 5-9；加拉太书五 24），是我们在经受试探之时的保障。世上的败坏是从情欲而来（彼得后书一 4）。多数时候，我们是否为合用的器皿即取决于此（约翰福音十五 2；提摩太后书二 21）。因此，这项对我们灵魂而言必不可少的护佑是多么伟大啊！而这项神赐福的工作就是藉此运行于内的。

现今，有两种方式或途径被用于这项事工。做成内在工作的圣灵（罗马书八13）和施行外在辅助的神的护理。圣灵实际上是主要的实施者，其运行决定着这项工作的成败。离开圣灵，这世上一切的护理永远无法生发果效。但这些护理是次级和辅助性的方法，藉着圣灵在其上的祝福，在此项事工中有效地发挥作用。它们是如何为此结果和目的在其中各尽其责的，容我现在做以解释。

全智的神分派祂的护理成为圣灵工作的蒙福性从属。在两者各自独特的事工之间，存在着甜美的和谐。神照着祂的意愿凭旨意引导两者在此神圣的事上相会（罗马书八28；以弗所书一11）。因此有言提及圣灵恰在神的护理之轮当中，并带领其动向（以西结书一20），两者在神许可下共同进退。圣灵所做的内在工作里极为重大的一部分就是除去神百姓的罪，以确保神的外在护理之工按着祂清晰不变的旨意，在下列的具体情况中被掌控和把握。

在所有重生得救之人的内里，都有强烈的罪的习性和倾向，罪的主要权能便栖息于其中。保罗对此哀叹道："但我觉得肢体中另有个律和我心中的律交战，把我掳去，叫我附从那肢体中犯罪的律"（罗马书七23），每一个信徒天天都悲哀地意识到这点。哦，克制那些让神担忧的事，实属艰难。神为我们筑造藩篱，以祂的律法护卫我们对抗罪。但是人的天性里有打破藩篱的倾向，这倾向是与内驻在我们里面的神的圣灵为敌的。在这种情况下，可以看到为了阻止罪恶，神的护理的协作以及提供的支持。当圣灵在内里对抗罪性倾向时，神的护理藉着在我们的道路上设置外在的阻挡和障碍来拦截和防止罪恶（约伯记三十三17-19；何西阿书二6；哥林多后书十二7）。人身体上的很多病痛即是为此益处遭受的，是作为防止罪恶的阻碍。哦，请耐心地思考这个概念。巴西尔（Basil）曾为着顽固的头痛极其苦恼，他迫切地乞求挪去他的头痛，神便挪去了。脱离这个拦阻不久，巴西尔便感受到性欲的过度涌动，这迫使他重新祷告让头痛可以再回来。如果拦阻被挪去，我们中的许多人可能会陷入类似的情景。

这点可能会有人质疑，蒙恩的灵因痛苦之杖的缘故而克制罪行是否合宜？神必有较此更为高尚的动机和崇高准则。这是出自属世和奴性之灵的态度！

当这是对罪的唯一或主要约束力时，当一个人因为内里的污秽并不恨恶罪，仅仅是因为忌惮相应的恶劣后果和影响时，确实如此。但这和圣徒承受的洁净性苦楚有极大的区别。他们不仅有更为高尚的动机和准则，同时他们也有较低维度的和正常的感受。而这些感受，就它们的类别和处境而言，于他们是有益的。

除此之外，你们必须知道苦难以另一种方式更多地作用在谦卑人的心中，来抑制其犯罪，或提醒其对抗罪恶。并非是他们所感受到的杖击的创痛，而是神不悦的表征，让他们为之惊惧和恐慌。"祢重立见证攻击我"（约伯记十17），这就是对他们造成的主要影响。"耶和华啊，求祢不要在怒中责备我，也不要在烈怒中惩罚我。"（诗篇六1）"耶和华啊，求祢从宽惩治我，不要在祢的怒中惩治我，恐怕我归于无有"（耶利米书十24），这当然不是低级和寻常的主张。

尽管有神的命令和预防性的苦难这双重防御，罪恶对最为良善的人而言依然太过难敌，他们的败坏使其深陷罪中。在这种情况下，不仅圣灵在内里动工，而且神的护理也藉着外在的工作来制伏罪。罪的行径给他们造成的苦楚，不仅是因为良心的自责，也因着那些在人肉体上施加的痛苦之杖，和伴着这杖随即显现的神。我发现在这两个方面，圣经上有明确的阐述："拆墙垣的，必为蛇所咬"（传道书十8）。参照某些解读，如果"墙垣"是指神的律法，那么"蛇"就是良心的自责和苦难的利齿，如果他是属神的人，他马上就会感受到。

这些磨难性护理之工的初衷和目的，是清除并洁净信徒离开那些被试探拖入而浸没他们的污秽。"所以，雅各的罪孽得赦免，他的罪过得除掉的果效，全在乎此。"（以赛亚书二十七9）同样的目的显于另一处经文："我未受苦以先走迷了路，现在却遵守祢的话"（诗篇一百一十九67）。这些苦难对于我们灵魂的功用和果效，如同严寒气候对于那些铺于露天待漂洗的衣物一般，它改变色调，使布料更白，这似乎正如下列经文所意涵的："智慧人中有些仆倒的，为要熬炼其余的人，使他们清净洁白"（但以理书十一35）。

此处，可能有人会质疑，苦难可以洁净圣徒罪孽的说法有何根据？这对于基督而言，将本是祂宝血独有的荣耀归给苦难，岂非荒唐，且极具羞辱性吗？

必须承认的是，基督的宝血是向罪打开的唯一救赎之泉。没有任何苦难能凭借它们的数量之巨大、程度之剧烈或持续时间之长久，而除去罪的污秽。正如我们看到一次又一次陷入苦难中的罪人，最终依然是罪孽深重。并且，地狱的折磨，无论多么极端、普遍和持续，都无法抹去罪的任何一个污点。

但它仍不失为一条真理，即成圣性的苦难，在基督宝血的功效和美善里，可以创造出于灵魂而言大有祝福的果效。虽然没有基督的空十字架，并不能给任何人带来任何益处，然而千千万万的人已靠着这十字架蒙恩，这是在基督为他们的益处而死的圣工里所做成的。这就是本篇所关注的那些灵魂的实例。

我们发现即使最杰出的心灵，如果蒙神赐他们任何安舒性的享受，在情感投入上也会倾向于过度热切，并会过分沉迷于这些外在的享乐。这也显示出堕落在神的百姓中的浩荡权势和力量，是必须要想方设法在他们中间去抑制的。

来看希西家的例子，他过于在意自己的财富，所以他无法隐藏自身虚荣的性情（以赛亚书三十九2）。同样，义人大卫（诗篇三十7）认为他的江山，即他的王国和当时的辉煌和荣耀，必然稳固，永不动摇。

正是这同一个义人，将他的挂念和情感都倾注在他俊美的儿子押沙龙身上，视其比自己的生命贵逾千倍——这在大卫为押沙龙之死所做的哀歌中显露无疑。

还有约拿，当神兴起一棵蓖麻守护他免于烈日的曝晒时，他视其极其宝贵，并为之大大喜乐。

但是神会就此坐视放任吗？受造物可以窃取或夺去我们对创造主的依恋吗？不，这是我们的败坏，神要清除它。为此目的，祂差遣护理之工来破碎那些令我们的情感异常欢喜或过度热衷的受造物，或者将它们变成杖，以之来击打我们。

希西家不是因他充盈的府库而过度膨胀吗？嘻，正是那些他向之吹嘘夸耀的巴比伦人，要来劫掠一空并使他受害（以赛亚书三十九6）。

大卫不是对于他在地上辉煌的稳固满心自负吗？看！神很快使一切成为过眼烟云（诗篇三十7）。押沙龙不是他的好父亲心里所偏爱和极度宠溺的吗？反倒成了愁苦之子，要寻索他父亲的性命。

约拿不是对他的蓖麻极为上心吗？神安排了一条虫子去咬它（约拿书四6、7）。

有多少丈夫、妻子、孩子因着这原因受到神的护理的击打！他们若是被爱的更为理智和适度，也许会蒙宽恕而存续更久。由于过度热爱，许多财产和雄心勃勃的筹划已被摧毁了。而这真是个满有怜悯的豁免，是为了我们的益处。

当我们声名斐然受人敬重时，那未被束缚的败坏的力量，便在我们的骄傲和内心膨胀的虚荣上自我显现出来。当我们被称赞、尊崇时，当我们因任何恩赐或优点被人称赞时，便汲出了心中的骄傲，显出了内里的虚荣。"鼎为炼银，炉为炼金，人的称赞也试炼人。"（箴言二十七 21）换言之，正如火炉会让金属在融化时显出它其中的杂质，接受称赞和表扬时也会显示出人心中的骄傲。有位绅士因此说："夸赞我的，是伤我的人。" 同时，更为奇异的是，即使在生命最后的气息即将消逝时，人心中的这种败坏依然可察。有一位德国的圣徒，当那些他身边的人为了鼓励他而复述他为神所做的许多事工时，这位圣徒如此说，"将火挪开，我的心中依然有骄傲的碎秸。" 为了将这种堕落钉在十字架上，神的护理松开不敬畏神之人的束缚，有时允许他们诋毁神仆人的名声，正如示每对大卫所行的。是的，他们在友人中被厌恶，如同保罗在哥林多人中一般。所有这些都是为了让他们在意识到自己内里的卓越时，压制他们灵里的膨胀。这些护理之工的目的无非是为了涂抹人生发的骄傲。是的，当一些义人投身于公众性和引人注目的工作中，可能会在其中过于追寻对自身的喝彩，这值得特别的关注。神会在这样的时刻，从他们收回祂惯常的帮助，以至于无论他们之前是多么胸有成竹，此时在所做的事上却是步履蹒跚，以羞愧和遗憾收场。举出林林总总众所周知的事例来支撑这一观察并非难事，但我还是继续正题。

内心的败坏，在我们主动提升对受造物的诸多期待上，以及筹划我们从一些属世的可期可盼的享乐中获得大量幸福感和满足感上，体现得淋漓尽致。我们会发现这正是义人约伯处在兴旺时日的情景："我便说：我必死在家中，必增添我的日子，多如尘沙"（约伯记二十九18）。然而所有的这些预期，都被令人降卑的神的护理之工瞬间冲垮，使他在如日中天时顷刻之间坠入黑暗。但所有这些都是为了他的益处，将他的心更彻底地从对受造物的期待上挪开。我们经常会发现最杰出的人过度思虑他们自己在世上的事，夸张地自恃于那些事物。那些心怀伟大和笃定的属天抱负的人，也可能拥有源自地上的过于宏大、不切实际的期待。但当这情况发生时，神的护理通常会逐步削弱他们属地的盼望，并藉着经历让他们明白自己是何等地虚妄。于是，在哈该书一章9节中，人们的心专注地定睛于发旺的福佑、满满的收成和显著的增长上，却在此时忽略了对神的敬拜和神殿的事物。因此，神的护理破灭了他们的希望，将他们带入贫乏。

败坏呈现出其自身对于受造物所带来的慰藉和有形支撑物的依赖。哦，那些最优秀的人是多么倾向于去依赖这些事物，被其所困！因此，以色列人倚靠埃及，如同衰弱无力的人倚靠他的杖。但神允许他们经历失败并且受害（以西结书二十九6-7）。同样，个人也倾向于依赖他们有形的支撑。于是，我们依靠自己的人际关系，心中所藏的想法是，它们或将成为诸多安舒的源头，使我们在生命旅程中持续焕然得力。但是，神藉着祂的护理之工显露出我们在这些事上的误解和错谬。因此有丈夫被击打，是为了挽回妻子的心灵，因着倚靠祂而更亲近神（提摩太前书五5）。论及孩子也同理，我们倾向于像挪亚的父亲拉麦那样，说这一个或那一个孩子："这个儿子必安慰我们"（创世记五29），但是当风掠过这些花朵，他们便凋零了。这教导我们，我们的幸福并非和这些享受有必然的关系。同理，我们的产业也是如此，当世界对我们报以微笑，我们拥有了温暖的居所时，我们多么期盼从那些产业上获取舒心和宁静，像义人巴录那样"为自己图谋大事"。但是神的护理藉着特别的或普遍性的灾祸倾覆了我们的筹算（耶利米书四十五4、5），所有的这一切将我们的心从受造之物挽回到神，我们唯一的安息那里。

败坏在义人对世俗事物的依附和脱离时的不情愿上显出它的能力。这常常来自于我们对这世上享乐的迷恋和欢愉的体验。神的护理通过预先抹杀那些网罗性的安舒来克制圣徒心里的这种倾向，让我们所喜悦的所有或大多数事物消逝在我们面前。或者它通过让我们在世上经历磨难，因着身体上感受到的痛苦和疾病，导致生活并不如意，使得这个世界变得苦难重重，从而令我们藉由这灾难性的打击而不至于轻易陷入堕落之中。

在进入下个话题之前，我必须暂且停住，盼望你们能和我一同进入虔诚的惊叹里，因神竟顾念如可怜虫一般的我们。诚然，神以亲近待我，祂对亲手所做的瓦器的俯就是令人惊叹的。我目前注意到此类现象可以分为以下三类，并且发现自己当下所默想的事情被诗篇的作者所概括："耶和华啊，人算什么，祢竟认识他，世人算什么，祢竟顾念他！"（诗篇一百四十四 3）你们读到的这节经文描绘出神至高无上的伟大，祂无限地超越我们和我们全部的意念。"你考察，就能测透神吗？你岂能尽情测透全能者吗？祂的智慧高于天，你还能做什么？深于阴间，你还能知道什么？其量，比地长，比海宽。"（约伯记十一 7-9）"天和天上的天，尚且不足祂居住的。"（历代志下二 6）"祂是至圣至荣，可颂可畏，施行奇事。"（出埃及记十五 11）当用类比的手法谈及神时，来看圣经是如何表达祂的伟大："看哪，万民都像水桶的一滴，又算如天平上的微尘；祂举起众海岛，好像极微之物。

黎巴嫩的树林不够当柴烧；其中的走兽也不够作燔祭。万民在祂面前好像虚无，被祂看为不及虚无，乃为虚空。"（以赛亚书四十15-17）当最敬畏神的圣徒谈及祂时，感受他们带着怎样的谦卑和深切的崇敬开言和倾述！"那时我说：祸哉！我灭亡了！因为我是嘴唇不洁的人，又住在嘴唇不洁的民中；又因我眼见大君王万军之耶和华。"（以赛亚书六5）不仅如此，甚至天上的使者也对荣耀的君王呈上何等的恭敬："其上有撒拉弗侍立，各有六个翅膀：用两个翅膀遮脸，两个翅膀遮脚，两个翅膀飞翔。彼此呼喊说：圣哉！圣哉！圣哉！万军之耶和华，祂的荣光充满全地！"（以赛亚书六2-3）

其次，纵然你们是最为敬虔和出色的人，在神的面前你们依然存有人的卑劣、肮脏和全然的不配："各人最稳妥的时候，真是全然虚幻"（诗篇三十九5）。"各人"，找到你们的位置，每个人"在他最稳妥的时候"或是说"在他最为春风得意之际"，不仅只是"虚幻"，而且是"全然虚幻"。诚如斯言："各人真是全然虚幻"。只要从本质上去考察那些出类拔萃之人："本为可怒之子，和别人一样"（以弗所书二3）。我们血管中流淌的血液和那些地狱中的人一样污秽。

思量他们的本质和天性，并没有什么可夸耀的，是的，很多人的性情甚至比那些被弃的人还要恶劣。尽管来自宝座的恩典涂抹了他们内里的罪恶，但是，最敬虔的心每日迸射出的败坏是多么地得罪人并为神所憎恶。

考量他们的外表状况，他们中的大多数也比不上其他人。"父啊，天地的主，我感谢祢！因为祢将这些事向聪明通达人就藏起来，向婴孩就显出来。"（马太福音十一25；对比哥林多前书一26-28)

当你们了解到，神彰显于祂所有的护理中，现在来思考并赞叹：这位何等伟大而神圣的上主是如此顾念如卑劣、可鄙的虫一样的我们。祂并不需要我们，没有我们，神在祂自己里面拥有全然的圣洁和满足。我们并不能给祂增添什么："人岂能使神有益呢？"（约伯记二十二2）毫无益处！人的至圣也无法为神增益分毫。然而，想想祂是多么地顾念我们。祂在永恒中的拣选之爱，岂不正表明了祂对我们的仁慈吗（以弗所书一4、5)？

如此恩典的作为是何等地源远流长、不求回报且令人惊叹！这正是神的全部护理之工所孜孜以求并定意成就的。

神怀中的独生子，这样的礼物，岂不彰显出祂对如此卑劣的人类的眷顾吗？人所得的看重是前所未有的。如果大卫可以感叹："我观看祢指头所造的天，并祢所陈设的月亮星宿，便说，人算什么"（诗篇八3、4)? 那么我们更可以惊呼，"当我们思想祢的儿子，在祢怀中的那位，在祢看来无限荣美、无比亲近的那位,主啊,人算什么,竟有这样的一位基督降下为他而死!为人的缘故,并不为堕落的天使(希伯来书二16),且在他们依然与神为敌的时候"(罗马书五8)。

神的护理之工对我们殷勤的顾念,岂不表明祂看我们为宝贵吗?"昼夜看守,免得有人损害。"(以赛亚书二十七3)"祂时常看顾义人"(约伯记三十六7),在他们所有的日子里没有一刻停歇。神若有停歇,数以千计的不幸将在那一时刻降临在他们身上,并灭绝他们。

神的护理之工的温柔,岂没有显示祂对我们的重视吗?"母亲怎样安慰儿子,我就照样安慰你们。"(以赛亚书六十六13)如同宠溺的母亲抚慰她稚嫩的孩子,神也同样藉着更新性的护理之工安慰祂自己的儿女。"雀鸟怎样搧翅覆雏"(以赛亚书三十一5),即在幼鸟处于危险时归巢,神也照样护佑祂的儿女。受造物中没有任何父母的温柔可以比照创造主的柔情。

神的护理之工的累累硕果岂不证明祂对我们的珍惜吗?我们所得的恩惠是"每早晨这都是新的"(对比诗篇四十5;耶利米哀歌三23)。从这个源泉中,涌流出的恩典,无论是属灵的和属世的,常见的和非凡的,还是公众的和个人的,不可胜数。

天使在神的国度里的事工岂不同样显明此事吗?"天使岂不都是服役的灵、奉差遣为那将要承受救恩的人效力吗?"(希伯来书一14)

我们今日被呼召来记念颂扬神的护理之工，岂不显明了神对祂百姓的极大重视吗？哦，若非如此，为何我们没有被离弃"当野食交给他们吞吃"？"若不是耶和华帮助我们"，恶人就会如同水火、野兽般，"把我们活活地吞了"（诗篇一百二十四篇）。哦，为着神全备的护理给祂的教会带来的超过七十年之久的自由和安宁赞美祂。我建议你们对待神的护理所成就的，应该如同犹太人对待他们的普珥日（以斯帖记九27、28）。更准确地说，因为似乎我们现今所面临的，由同一位仇敌造成的危难，正如同自那时以来的情景一样急迫。若是如此的恩典被遗忘，神或许会说："所以我不再救你们了"（士师记十13）。

第二部分
默想神的护理

第八章
默想神的护理之责任

在证明神子民的事务蒙受神的特别护理的顾念，以及举例说明神的护理怎样影响他们的那些利益和关注后，我们下一步要来论证神的百姓不论何时，都有责任去默想这些神的护理施予他们的作为，特别是在艰难困苦的时日里。

这是我们的责任，**因为神对此已有明确的指令**，呼召祂的百姓要深刻地反思祂的作为，无论是出于怜悯还是审判。所以当最可怕的审判，因着属神子民的背叛施行在他们身上时，当神从他们当中挪去了祂同在的象征时，其余的人至少要去思量（即透过他们的默想）示罗的结局，察看神向那地所行的（耶利米书七12)。因此，神呼召我们要思想并回顾祂的怜恤。"我的百姓啊，你们当追念摩押王巴勒所设的谋，和比珥的儿子巴兰回答他的话，并你们从什亭到吉甲所遇见的事，好使你们知道耶和华公义的作为。"（弥迦书六5）也就是说，你们若不反思那一重大护理，我的公义就会被遮盖，你们的不义就会被显露。神对于被造物的护理之工，我们奉召要去思想它们，从而在想到神给我们的供应时，我们就能坚固自己的信心（马太福音六28）。

显然，这是我们的责任。**因为在圣经中，只要提到对它的忽略，就已经将其定罪。**疏忽和漠视极不讨神的喜悦。就如那句经文所言："耶和华啊，祢的手高举，他们仍然不看"（以赛亚书二十六11）。不仅如此，这种过犯是神在祂的话语中警诫并谴责的（诗篇二十八4、5；以赛亚书五12、13）。是的，对于这罪，神不仅发出警诫，还用可见的审判击打人（约伯记三十四26、27）。

为了这一目的和原因，圣灵在圣经中对神的护理之工的叙述附加了提醒式批注，例如"看哪"。所有的这些提示，邀请并呼召人们对此给予应有的和深切的关注。例如，在解救以色列人脱离埃及人的捆绑这一重大且显著的护理之工中，你们会发现两次附上了提醒的批注（出埃及记三2、9）。还有，那位肆无忌惮的仇敌拉伯沙基，虽然使希西家和所有百姓惊慌失措，却被神的护理挫败，在此之前，对于那护理有一处提示性批注："我必惊动他的心"（列王纪下十九 7）。当神解救祂的子民脱离仇敌，并使"恶人被自己手所作的缠住了"，使祂的智慧和能力得着荣耀时，双重的提醒性批注附在那双重的神的护理之工上："细拉"（Higgaion selah）（诗篇九 16）。同样，当揭开每一个包含着一系列或单个的神的奇妙护理之印时，无不伴随着如此特别的提醒："你来，你来"（启示录六 1-7）。若我们没有被赋予这样的责任，则所有这些批注在圣经中都是无用的赘述（见诗篇六十六 5）。

若对神的护理之工缺乏当有的观察，就不会有任何因之而生的颂赞奉与神。对神恩惠的称颂和感恩取决于对神的护理的这份留心观察。若没有这种观察，颂赞与感恩则无从谈起。诗篇一百零七篇述说了神的护理之工对不同人群的看顾：苦难中的子民（4-6 节）、被捆锁的囚徒（10-12 节）、卧于病榻上的衰残之人（17-19 节）、陷于怒海狂涛中的水手们（23 节），以及遭遇年馑的人们（33-40 节）。是的，祂的护理显明在世上发生的那一切的变故之中，使高傲的降卑，又使卑微的升高（40-41 节）。每一个段落里，人们都被呼召要为这些护理之工的每一个作为来赞美神。43 节向你展示留心察看是履行这一责任的必要条件："凡有智慧的，必在这些事上留心，也必思想耶和华的慈爱。"就其必要性而言，若此责任被忽略，神必然会在祂的颂赞上被欺骗。

若放弃对神的护理的默想，我们便失去了神对我们或他人所做一切之工的效用和益处，而这对我们来说确实是难以言喻的损失。在悲伤的日子里，这是我们的信心得以为继的食物："祢曾砸碎鳄鱼的头，把它给旷野的民为食物"（诗篇七十四 14），即他们信心的食物。圣徒基于神过去的护理，论定新近护理的到来。因此大卫说："耶和华救我脱离狮子和熊的爪，也必救我脱离这非利士人的手"（撒母耳记上十七 37）。保罗也同样："祂曾救我们……并且我们指望祂将来还要救我们"（哥林多后书一 10）。若这些被遗忘或未被思想，信心之手便会下垂。"你们还不明白吗，不记得吗？"（马太福音十六 9）圣徒常在祷告中以此主题作为呼求新的怜悯的论据。正如当摩西为百姓祈求持续的或新的赦免时，他以过去所发生的为论据："好像祢从埃及到如今常赦免他们一样"（民数记十四 19）。因此，基于和摩西为新的赦免呼求的同样理由，教会呼求神赐下新的护理（以赛亚书五十一 9、10）。

不察验神在护理中对祂自身的彰显，是可耻的、侮慢神的行径。因为在所有的护理中，特别是在某些护理中，祂临近我们。祂在审判中如此行："我必临近你们，施行审判"（玛拉基书三 5）。祂也在恩典中相近："凡求告耶和华的，耶和华便与他们相近（诗篇一百四十五 18)。是的，当神降罚的日子（何西阿书九 7）和拯救与眷顾的日子（诗篇一百零六 4），袖在护理中临到我们。神的这些眷顾，保全我们的心灵（约伯记十 12）。至大的神如此时常地鉴察我们，这是一种令人惊叹的俯就，"每早，时刻……"（约伯记七 18）忽略此事是对神的轻视，可耻且粗鄙（以赛亚书一 3；西番雅书三 2）。你们不会如此对待任何一个你们所敬重的人。不注重神的恩惠（以赛亚书二十六 10）或神的不悦（耶利米书五 3）是恶人所为。

总之，**若缺乏对神的护理之工的应有关注，人便永远无法在向神的祷告中提出合乎他们境况的诉求。**你们的祷告要契合你们的境况：我们有时被呼吁要来赞美，有时要自卑。在袖行审判的路上，你们要等候袖（以赛亚书二十六 8），要预备迎见袖（西番雅书二 1、2；阿摩司书四 12）。有时你们要转消袖那眼见将临的怒气，有时你们被呼召要为蒙受的恩典称谢袖（以赛亚书十二 1、2），然而你们必须首先要察验神的护理。

因此，你们会发现大卫的诗篇素材丰富多变，切合所临到他的护理之工。但疏于观察和粗心大意之人，绝无可能做到。以上向你们简单陈述的便是事关这项责任的根基。

第九章
如何默想神的护理

接下来,将继续展示以何种方式来反思神对我们的护理之工。当然,这并非只是进行极细微、短暂的一瞥,亦非一次对神向你们所施护理的极冷漠、纯历史性、无动于衷的重述或认可,好像仅是为了应付神而履行这一原本重大的职责一样。不,不,这种工作与大部分人所理解的有所不同。哦,但愿我们能熟悉这一属天的灵性操练。它将使我们的生活何等甘甜满溢,使我们的负担何等轻省!啊,先生们,当你们不晓得或忽视了这一职责时,便是与基督徒生活的乐趣相疏离。

现在,为了带领你们进入这一神圣、甜蜜、有益的操练,我恳请你们注意以下的指导:

尽你们所能，致力于充分并彻底地辨识出从始至终关乎你们的神的护理之工。

哦，用祂的思想和祂的道路来填满你们的心！若神的护理的某一单个作为已是如此引人入胜，令人心旷神怡，那么如此众多的杰作一起呈现在灵魂的视野中，又会是怎样呢！若一颗星看起来已如此美丽，那么群星璀璨又将如何呢！因此，你们应广泛全面且深入透彻地充分反思神的护理关乎你们的行动和作为。

反思应尽可能广泛全面。回顾你们此生中神的护理的一切作为。亚萨便是如此："我要提说耶和华所行的，我要记念祢古时的奇事。我也要思想祢的经营，默念祢的作为。"（诗篇七十七11、12）多年过后，他努力地回溯和回想神在古时护理的恩典，并在新的回顾中品出鲜活的甘甜。啊，先生们，让我告诉你们，在整个世上你们无法品读到比自身的生活史更令人愉悦的历史了，只要你们愿意坐下，记录从起始到如今，神对于你们意味着什么？祂为你们做了什么？在你们所经历的一切境遇中，祂的怜悯、信实和慈爱是怎样显著地彰显和临到？若是你们回顾个人经历已至过半，你们的心仍未被触动，那可真是铁石心肠啊。"我父啊，祢是我幼年的恩主。"（耶利米书三4）

你们的默想要尽可能地深入透彻。勿让你们的思想似浮毛掠水，却要让它如铅沉底。"耶和华的作为本为大，凡喜爱的都必考察。"（诗篇一百一十一2）

我并不认为我们有限的字句足以表述神的护理的深度："祢的道在海中，祢的路在大水中，祢的脚踪无人知道"（诗篇七十七19），但我们有责任尽己所能潜入深处，当无法触底时，仍要赞美其深邃。我们对神的护理的查看，就如同以利亚的仆人在观雨时所经历的（列王纪上十八44），他上去向海观看天，没看见什么。但先知吩咐他一次次地再去观看，如此仰观天色七次。当他照样行，先知问，现在又如何？他回答"我看见有一片云从海里上来，不过如人手那样大"。当他继续注目远眺时，随之便看见天因风云黑暗。你们可能一而再地仰望神的护理之工，却只能在其中看见很少或什么也看不见。但观看"七次"，亦即：时常默想它们，你们会看见它们的荣耀如同汇聚的云一样与时俱增。

在你们能判断神的某个单一护理的数量和价值前，有几件事情显然需要仔细考量和评估。首先，恰逢其时的怜悯可能会赋予其巨大的价值。它是如此应时而生，应需而行，较之发生在另一时间的同一怜悯，对你们而言要重愈千倍。因此，当神允许我们困苦穷乏至极，所有可见的希望破灭时，随即所得的宽慰，使这一恩惠的价值被异乎寻常地提升了（以赛亚书四十一17、18）。

神的护理对我们的特殊看顾及慈爱，本身就是一种极大地凸显其恩典的考量，亦为我们所钟爱。所以当普遍性的灾难临到世界，我们却因神的护理的恩惠得以豁免，被隐藏在它翅膀的荫下。当神在患难的日子里呼召我们："我的百姓啊，你们要来进入内室"（以赛亚书二十六20）。当穷乏饥荒的年月，这样的应许会向我们应验（诗篇三十三18、19）。当其他人被撇下，曝露在灾祸中，他们虽有诸多或更多可见的保障之途，却仍然被交出，而我们得着保全——哦，如此的护理是何等可亲可爱！（诗篇九十一7、8）。

神的护理之引导值得特别关注和斟酌，决不应被我们忽视。有一些先导性的护理，不管它们本身看起来多么微不足道，但从特定的层面，却可以公正地挑战施与我们的护理恩惠之冠，因为它们引入众多的其它恩惠，并在其之后带来了一系列神圣的福果。这样的护理如同耶西差遣大卫带着粮食，带给他在军队安营的哥哥们（撒母耳记上十七17）。因此，每一个基督徒只要思想和留意他所处的地方，他所拥有的关系，以及他被引导进入这些关系的方式，就可以从他个人的经历储备中使自己得着供应。

要特别留心思考神的护理为你们所使用的器皿。当我们一心寻求默想，神的手便清晰可见。有时，一些奇妙的恩惠以极其不可能的方式临到我们，而非采用更为合理的方式。一个陌生人被激动，去行连你们的血缘近亲都没有能力或意愿为你们做的事。对大卫来说素不相识的约拿单，却与他深为相契。大卫自己的哥哥们藐视轻忽他，约拿单却以加倍的友好待他、帮助他。祭司从陌生人那里得到了更多的善意和尊敬，尽管他们自己的民更应感谢他们。基督说："大凡先知，除了本地亲属、本家之外，没有不被人尊敬的"（马可福音六4）。

有时，帮助甚至来自敌人之手，就像来自陌生人之手那样："地却帮助妇人"（启示录十二16）。神使许多恶人的心屈服，向祂的百姓显示出极大的善意（使徒行传二十八2）。

有时神会将对祂百姓图谋恶计及伤害的器皿，转化为对他们的益处。因此，约瑟的兄弟们对他的设计谋害，成为使其升高的关键因素（创世记五十20）。

神的护理之筹划和范围，绝不应被遗漏于我们的深入考量之外，即神的护理之目标和朝向。确实无与伦比，这实在是最为暖心和令人感动的考量。对于神一切护理的目的，你们所得的综合描述是："我们晓得万事都互相效力，叫爱神的人得益处，就是按祂旨意被召的人"（罗马书八28）。千万友善之手在为他们工作，促成并带来他们的福乐。哦，这足以使最苦涩的护理变为甘甜，并且我们知道，它终必叫我们得救（腓立比书一19）。

神的护理所担当的对我们的祷告之重视和关联，值得特别地思量，并且是一个最必要、最甜蜜的默想。祷告荣耀神的护理，神的护理尊荣祷告。圣经里对此有甚多关注（创世记二十四45；但以理书九20；使徒行传十二12）。你们向祂祈求的恰好得着。神的护理在你们的祷告上确已署名。哦，如此恩惠何等甜美动人！

在你们对神的护理的所有观察中，要特别留意那些已然成就并给你们带来益处的神的话语。

神所有的护理与圣经之间具有关联，这是一个明晰的真理。因而，所罗门在他的祷告中确认神的应许和护理在他父大卫的一生中，步步随行。祂亲口应许的，祂亲手（且视为祂的护理）成就了（列王纪上八24）。所以，约书亚也照样承认"耶和华你们神所应许赐福与你们的话没有一句落空"（约书亚记二十三14）。他详细察验神的作为与祂话语的关系，将它们进行比较，发现完全的合一。若你们像他一样做比较的工作，也会有同样的发现。

我会越发持守这一点，因为一些圣经解读者亦认为这正是此节经文的全部含义。因为（正如本书前言部分所特别提到的）他们用"祂所应许的事"【瓦塔布卢斯(Vatabulus)和米乌斯(Mius)译本】来填充补全这句经文的意义，于是我们读到的经文是这样的："我要求告至高的神，就是为我成全'祂所应许的事'的神"(诗篇五十七2)。

此时此刻，我虽然不觉得有理由将其意义狭隘地局限于此，但不可否认，这是其含义中一个特殊的部分。因此，在我们对神的护理的所有回顾中，让我们思想神的圣言，无论是预警、劝诫、忠告或应许，在任何时候都藉着祂的护理来造就我们。

如此行将使我们更坚定地确信圣经真理，尤其当我们看到其在诸多事务中如此显明时。即使圣经再没有其他的印记或明证，单凭此点便可对其神圣性形成无可置辩的论据，因人们会发现，历世历代中神的作为是如此精准地按照这种模式运行，以至于我们可以说："我们所看见的，正如我们所读到的或听见的。"哦，这在我们眼前的，是何等伟大的明证！

此外，如此行会充分指引和教导我们在神万般护理下我们当前的职责。我们会知道我们当如何行，以及如何在各样境遇的变化中举止端正。只有从神的圣言中，你们才能分辨杖的声音和使命（诗篇九十四12），因圣经诠释了神的圣工。神的护理本身并不是一个完美的向导。它们常常令我们百思不得其解。但将它们带到圣言面前，你们所当尽的本分很快就显现出来。"等我进了神的圣所，思想他们的结局。"（诗篇七十三17）不仅思想他们的结局，也思想他自己应尽的本分。在患难的环境中安静，不去羡慕他们的亨通。

那么，把你们所经历或正在经历的护理带到神的话语面前，你们就会发现自己被极妙的光亮所环绕，并看见圣经在其中的应验。故我在此向你们的良心呼吁，你们岂未发现，已发生的这些神的护理事件在所有方面都与神的话语相一致?

神的话语告诉你们,遵守它的条例并尽它规定的本分是你们的智慧和利益所在。它告诉你们圣洁和顺服之道是最明智之道。"这就是你们的智慧"(申命记四5、6)。

现在,让护理之事发声,这究竟是否真实。当然,事实确实如此:无论我们看重的是现在的安舒还是将来的福乐,我们每天都会看到二者都因偏离本分而风雨飘摇,因持守本份而满有保障。当醉酒的、奸淫的、亵渎咒骂的,因罪败坏了身体、灵魂、产业和名号的时候,要问问他们,照着自己私欲行在禁止之道中是否明智?他们是否应在遵守神命令的边界和限度内求问自己的益处和安舒才更为受益?他们不得不坦承:"他们行的这道本为自己的愚昧"。使徒说:"你们现今所看为羞耻的事,当日有什么果子呢?那些事的结局就是死"(罗马书六21)。神的护理岂没有在他们身上验证那些镌刻在历代经验中的威慑吗?(约伯记三十一12;箴言五9、10;箴言二十三21、29)。凡遵行神律例的,逃脱了这一切的灾难和苦楚。留意这些你们随处可见的遭毁坏的产业和躯体,并注目于在那些阴郁的护理中显然带来益处的圣经真理。

神的话语让你们明白,远离正直和清洁之道以迎合恶政,对你们永无益处(撒母耳记上十二21;箴言三5)。

让护理之事也就此发声。反省你们自身的经历，你们就会对这一真理有完全的确信。你们是否曾离开清洁和正直的道路，而转用恶计实现你们自己的企图，并在那道中兴旺了吗？诚然，神咒诅所有罪恶的道路。并且无论何人在罪中亨通，祂的百姓却不能。以色列不依靠耶和华，却投在埃及的荫下，这罪谋于他们有什么益处呢（以赛亚书三十1-5）？大卫用一系列的诡计来掩盖自己的恶行，是否成功呢（撒母耳记下十二12）？李维（Livy）的观察一针见血，"罪恶的计谋乍看美好可人、充满前景，执行时却常遇艰难拦阻，得逞后悲从中来。"有人因行恶道得财，但圣经用他们的经历验证："不义之财毫无益处"（箴言十2）。神要么施以神秘的咒诅将其吹去，使其对他们毫无益处；要么使他们良心忧虑不安，除非他们被迫将其吐出来，便不得平安（约伯记十一13-15）。

大卫对所罗门的嘱托，其真确性已被成千上万人证实（历代志上二十二12、13），即真正的亨通之道是遵守神圣言的诫命，人不得亨通的真正原因是离弃诫命（历代志下二十四20）。

事实上，若神定意毁灭一个人，祂可能在一段时间内允许他在罪中成功和兴旺，使他的心更刚硬（约伯记十二6）。但那些神所爱之人却非如此。他们转向罪却永不得昌盛。

神的圣言禁止你们仰赖和倚靠受造之物，即使是那些最大最有权势之人（诗篇一百四十六3）。它告诉我们投靠耶和华强似倚赖人（诗篇一百一十八8）。它禁止我们去信靠那些在利益和关系上与我们最亲密的受造物（弥迦书七5）。它咒诅那些本该倚靠神却转而倚靠受造之物的人（耶利米书十七5）。

在此情况下，求索神的护理之事，看看神的话语是否在当中被证实？你们是否曾依靠埃及的芦苇，它岂没有在你们手下折断、刺透并欺骗你们？哦，这在我们的经历中常如此明显！凡我们所过分爱慕、盲目崇拜和轻率依靠的，神便不时地打破它，让我们看见当中的虚空。我们会发现最快脱离安舒的方式，就是让我们的心在这些事上爱慕无度。因为我们的神是忌邪的神，祂不会将祂的荣耀分给别人。这世上满了各样因此被夺去安舒、丈夫、妻子、孩子、产业之人的例子。若约拿因他的蓖麻大大喜乐，一条虫子就即刻被安排去咬这蓖麻。因此，许多坟墓为埋葬我们眼所不能见的偶像而敞开。若大卫说"我的江山稳固，我永不动摇"，他所听到的下一个消息就是黑暗和患难（诗篇三十6、7）。哦，我们发现神的这些话是多么真实可信！有谁不心悦诚服，完全认信（put to his seal）并感叹："祢的道就是真理"（约翰福音十七17）？

神的话语让我们确信，罪是痛苦和悲伤的源头和入口，二者一脉相连。"你们的罪必追上你们。"（民数记三十二23）也就是说，随之而来的悲伤果效和痛苦会找到你们。"倘若他的子孙离弃我的律法，不照我的典章行，背弃我的律例，不遵守我的诫命，我就要用杖责罚他们的过犯，用鞭责罚他们的罪孽。"（诗篇八十九 30-32）

现在，来求问神的护理，按照神的圣言所示，是否确实如此。只需查询自身的经历，你们就会发现，神的护理在你们所行的一切路上正是如此命定。你们何时演变成了一个自负、虚荣、低俗的躯壳，但你们可发现有某种激动人心、令人震惊的护理被派遣来唤醒你们？你们几时因罪伤了良心，神却没有因此用一些或其他你们心爱之物使你们伤痛呢？不仅如此，对神来说司空见惯的事，祂使许多基督徒通过对自身思维和作为的察验，预言和警示了近在眼前的灾难。

我并不是说若不犯罪，神就绝不会使祂的百姓受苦，因祂可能为试炼他们而如此行（彼得前书四 12）。我也不是说神会杖罚每一个罪行，这样，谁能在祂面前站立得住呢（诗篇一百三十 3）？我所说的乃是，神常常用苦难的杖刑罚祂百姓的罪，这是出于对他们灵魂的怜悯。因为这个道理，在大卫严重地推诿掩盖其罪行后，神的杖加在他身上，漫长的一系列苦难临到他的王国和家族（撒母耳记下十二 10）。如果我们用心去查看那些令我们或属我们的人哀叹的苦难之发端及相关法则，我们就会发现是因为我们自己背弃了耶和华（耶利米书二 19，四 18）。在你们自己的经历中，神话语中的所有这些告诫和预警岂没有借着神的护理被全然地应验吗？有谁能在他所受到的一切警戒中，看到神无误的真理呢！

然而，对于所有愿意查看神的护理如何每日使我们受益于神应许的人，应许的真实性是显而易见的。神在应许中已经赐给祂的百姓何等有力的保障，没有人会因着为祂舍己而遭受任何损失。耶稣已经教导我们："我实在告诉你们：人为我和福音撇下房屋，或是弟兄、姐妹、父母、儿女、田地，没有不在今世得百倍的，就是房屋、弟兄、姐妹、母亲、儿女、田地，并且要受逼迫，在来世必得永生。"（马可福音十29、30）

尽管那个卑鄙的叛教者朱利安（Julian）嘲笑这一应许，但成千上万的人已亲身经历，并且在今日预备好为此宣告认信（to set their seal to it）。神不仅在属灵之事上，在内心的喜乐和平安上，甚至在属世之事上，都使之有益于祂的百姓。并非是那些先前照看他们的血脉之亲，而是千百基督徒会随时预备来支援和帮助他们，以至于他们纵然为基督撇下了所有，仍可以同使徒一齐说："似乎一无所有，却是样样都有的"（哥林多后书六10）。哦，神的护理对于那些为了良心的缘故撇下所有投靠它的即时看顾之人，所施的体贴和温柔配得赞美！直到今日，岂不仍有诸多这样的预备，甚至惹动他们仇敌的嫉妒，且引发他们自身的颂赞吗？人若有一颗单单信靠神的心，岂不在祂的应许中看见神的信实吗？

神应许的话语使我们确信，无论圣徒陷入怎样的缺乏或困境中，他们的神永远不会撇下或是丢弃他们（希伯来书十三5），祂会"在急难中与他们同在"（诗篇九十一15）。

可以就此向你们生命中各样的护理求证。我深信你们会发现，这些应许的真实性时常在困境中得着验证。请扪心自问，神何时何地曾撇弃你们，让你们在重担中沉沦灭亡？我并不怀疑，你们中绝大多数曾一度或数度陷入困境，且是在理性的眼光看你们根本无望且无法摆脱的困境。是的，那样的处境或许会动摇你们对那应许的信心，如大卫那样，当他说："必有一日我死在扫罗手里"（撒母耳记上二十七1）。"人都是说谎的"（诗篇一百一十六11），甚至撒母耳自己也是！然而，我们却看到他从茫茫苦海中逃出生天，应许都向他一一兑现。毫无疑问，你们在自身的实例中可以观察到类似情形。扣问你们自己的灵魂，它便会向你们证实。在患难的日子，神撇下并弃绝你们了吗？若你们说是，那一定是谬读了你们自己的经历。的确，你们曾遇到过一些挫折和艰难，在当中看不到出路，认定自己必要在其中灭亡。有些困难动摇了你们对应许的信心，使你们怀疑众恩之泉是否会为你们得慰藉而涌流。是的，这些苦难使你们怨天尤人、心烦气躁，从而激动上主离弃你们于患难之中。但你们看，祂并未如此行。祂要么托住你们，并赐你们力量去承受；要么减轻你们的重担，或是照着应许打开一扇意外的逃生之门（哥林多前书十13），免得你们被所惧怕的灾祸追上。

你们读到，在那些苦难的黑暗时日中，神的话语对于一个仁慈的心灵而言，是唯一的支持和慰藉（诗篇一百一十九50、92；撒母耳记下二十三5），而圣经正是为此目的写成（罗马书十五4）。没有任何道德规范的准则或是源于自然的疗法，能够为我们成就那些神的话语所成就的。

这岂不是一个被千万无可否认的经历所证明的确凿真理吗？当圣徒被杖击打而发昏的时候，他们就从这个源头得了他们的甘露。为拯救一个困苦的灵魂，神的只言片语胜似人的千言万语。若神的护理在任何时候将你们导向这些应许，或向你们保证在急难中耶和华将会与你们同在（诗篇九十一15），或鼓励你们因着内在的平安去欢喜地承受外在的重担（约翰福音十六33），或向你们证实神按着祂的温柔和节制待你们（以赛亚书二十七8），或你们将会从中收获福果（罗马书八28），亦或在你们的苦难之下，显明在神和祂的慈爱里面的益处（撒母耳记下七14）。哦，随之而来的是何等的舒缓和慰藉，你们的重担较比之前，是何等轻省！

神的话语让我们知晓，加增我们产业的最好办法，莫过于欢喜、慷慨地将它们为神摆上。当神和职责呼召我们去施予，我们却不作为时，这将于我们无益（箴言十一 24、25；箴言十九 17；以赛亚书三十二 8）。

现在来查验神的护理，你们会发现它在各方面都符合神话语的表述。哦，就此而言，圣经的见证是何等真实！现有成千上万活着的见证人，都可以为这一观点的两个部分宣告认信（set their seals to）。人用一只手所收聚的（他们算为积蓄），神的护理用另一只手分散。他们以慷慨之手、专心为神所撒播的，他们和属他们的必得回报。从未有人因为神献上而招损。借给穷人的，就是借给耶和华，或像一些人阐释那节经文，借给耶和华必然生利。有人已经观察到，神的护理以他们意想不到的方式赐下祝福，远胜于他们为神所献上的全部。

神的话语使我们确信，一个人要在良心和情感上确保自己获益，最有效的办法就是使自己所行的蒙耶和华喜悦（箴言十六 7），神的护理岂没证实这一点吗？这是三位犹太人的切身所感（但以理书三 28、29），但以理（但以理书六 20-22）亦是如此。这使施洗约翰的名誉在希律的良心中得以保持（马可福音六 20）。当君士坦提乌斯（Constantius）颁布那个鉴察性法令（exploratory decree）时，也同样证明了这一点。那些持守良心的人们蒙受善意，而那些更改信仰者则被驱逐。从未有人因为他的忠贞而以失败告终。

经上的话告诉我们，在令人困惑不解并烦恼恐慌的困苦之下，要获得心灵内在的平静和安宁的最好方法，就是把我们自己和我们的事交托给耶和华（诗篇三十七5-7；箴言十六3）。

你们在神话语中所读到的，也可在你们自己的经历中找到。哦，当你们把事情交托给神的时候，何等大的重担从你们的肩上脱落！神的护理会为你们轻松成就关乎你们的事。当心被引领至此豁然开朗，困难即将结束。

因此你们看，在我所列举的这几个例证中，神的护理是怎样验证圣经的。你们在所有其他事例中比较两者，也会有同样的发现，因为所有神的护理之方针路线都源于圣经，然后又再次归于圣经，一目了然地在那里开始和结束。

在你们对神的护理一切的回顾和观察中，确保你们认定神为这一切的创造者和主宰（箴言三6）。

在为你们的生命带来安慰的各样护理中，认定神为这一切的成就者和施与者。谨记祂是"发慈悲的父"，为你们赐下一切的怜悯，是"赐各样安慰的神"（哥林多后书一3），若不是祂发命就没有任何怜悯和安慰会临到你们。不要认为只是笼统地认定祂就足够了，当你们蒙怜悯时，要特别注意以下要点：

看到神对你们的看顾。"祂顾念你们。"（彼得前书五 7）"你们需用的这一切东西，你们的天父是知道的。"（马太福音六 32）你们只要告诉祂需要什么，你们的需要就会得到满足。"应当一无挂虑"（腓立比书四 6），不要因之自我折磨，你们有一位顾念你们的天父。

在祂的恩惠分赐给你们的方式上要留意神的智慧，这些恩惠对你们的境况而言是何等适时适切。当某一安慰被断绝并被挪去时，另一安慰便随即升起而代之。如此，以撒在丧母之后从利百加得了安慰（创世记二十四 67）。

要在当中细察神所赐白白的恩典。是的，面对每一次赐予的安慰，如你们这般卑微不配的受造物，要看到其中恩典的丰盛。要知道你蒙受的一切恩典中最小的，也超出你们所应得的。雅各说："我一点也不配得"（创世记三十二 10）。

你们呼求那些怜悯时，要清楚神的俯就（诗篇三十四 6）。这是任何喜乐中最为甘甜之处。在其中，一个人可以有意识地品味对自己祷告的回应和答复，这会大大激发其对神的灵魂之爱（诗篇一百一十六 1）。

体会神向你们所赐一切安慰的用意和目的。要知道，这并不是要满足你们肉欲的渴求，乃是要鼓舞你们能够更"欢心乐意地侍奉耶和华你的神"（申命记二十八 47）。

要看明所临到你们的恩惠之方式和途径。它们都是从基督的宝血和恩典的盟约流向你们的（哥林多前书三 22、23）。恩惠的甜美源自它们流向我们所经由的管道。

在你们今世一切安舒的享受中，要看见神独特的仁慈。千千万万比你们优秀的人们无缘这些慰藉（希伯来书十一 37）！

将这些安慰，皆视作在你们去往比这些更为美善的恩典之路上，奉差遣来更新你们的安慰。至大的恩惠依然存留至最后，所有这些都是指向更为佳美之境。

在临到你们的一切令人悲伤和痛苦的护理中，同样认定神是它们的主宰和命定者。所以祂向我们显明自己："看哪，我造出灾祸攻击你们，定意刑罚你们。"（耶利米书十八 11）"灾祸若临到一城，岂非耶和华所降的吗？"（阿摩司书三 6）

你们要把神的主权置于眼前。视祂为一位无限超越你们的存在，你们和一切属你们的都凭祂的意旨存活（诗篇一百一十五 3），这是人应顺服的最为确凿的理由和论据（诗篇四十六 10）。因为若我们和一切属我们的都源自祂的旨意，那我们顺服于祂的旨意是何等天经地义！神照祂所喜悦的使我们登上历史舞台，在不太久之前，我们是不存在的。我们并没有资格与神交涉，在满足什么条件下我们才会来到这个世界。又或者好似除非我们的形态符合我们所希望的这些条件，我们就可以予以拒绝。祂的主权在祂永恒的法则和现世的护理中荣耀地彰显。祂可以凭己意置你们于任何等级的受造物之列。祂本可以使你们成为最卑劣的受造物，蠕虫或蟾蜍。亦或即便为人，祂也可以使你们成为最邪恶、最可怜、最悲惨的那一个。当你们尝遍了今生所有的苦难，祂本可以令你们永陷地狱，使你们永远痛苦不堪，而这一切恰是你们当得的。而这，岂不会使得我们在今生寻常的苦难中安静下来吗？

在一切令人痛苦的护理中，将神的恩典和良善罗列在你们眼前。哦，看见祂在密云黑暗的日子从你们身边经过，宣告祂的名，"耶和华，耶和华，是有怜悯、有恩典的神"（出埃及记三十四6）。有两种怜悯，极少会被那些俗务缠身的圣徒所遭遇的至暗苦难所遮蔽，那就是今世饶恕的怜悯，以及来世拯救的怜悯。现在的情形并未如预期那般差，且本是我们应得的，而今后将会变得更好。这是教会观察到的，并由此说服自身安静下来（耶利米哀歌三22）。祂已拿去部分吗？祂本可以取走全部。我们受苦了吗？我们没被消灭就是怜悯。哦，若是我们思想纵然某些现世的恩惠尚未发出，但有哪些属灵的恩惠已赐下并持续临到我们，我们就会找回原因赞美神的仁慈，而不是抱怨祂的严厉。

在你们一切的苦难中，要留意神的智慧。看到对于你们的苦难种类的选择，是这种，而非另一种。时间的选择，是现在，而非其他时日。程度的选择，仅此尺度，而非更甚。在其中给予你们支持，而非弃你们于完全的无助。某些诉求之所以被驳回，乃是为着你们的益处，而非毁灭。看看这些，然后扪心自问，神问约拿的那个问题："你这样发怒合乎理吗？"（约拿书四9）确实，当你们来全面思索——你们为何需要这些杖，即你们的败坏将会需要所有这一切，甚至可能需要更多，来抑制它们。若它们不遭毁坏，你们便可能已经永远消亡了——你们就有充分的理由在神的手下安静并心满意足了。

在最令人痛苦的护理中，将耶和华的信实摆在你们面前。大卫便是如此（诗篇一百一十九75）。这是根据祂盟约的信实（诗篇八十九32）。因此，当有需要时，主断不会收回祂的杖（彼得前书一6）。当祂以杖刑罚的时候，也不会丢弃祂的百姓于杖下（哥林多后书四9）。

哦，这将带来何等安宁！我知道如果杖罚能够阻止迷失，我的神便不会丢弃我的心。祂宁愿听我在这里呻吟，也不愿听我之后的哀嚎。祂的爱是睿智的，而不是宠溺的。祂注重我的益处，而非我的安逸。

在患难的日子，要细查神的全面丰足。无论失去什么，仍看到祂的丰富。尽管此处或那处的管道被切断，导致些许对我的供应断流，但泉源仍然像以往一样满溢。哦，基督徒，你们岂不能以这样的思考来抵消任何的亏损吗？相较于你们失去的任何甚或一切的物质享受，你们岂不能在神里面看到更多吗？那么，你们用怎样的眼光看待神呢？

最后，定睛于神的永恒性。把祂看作是万古磐石，"众光之父，在祂并没有改变，也没有转动的影儿。"（雅各书一17）将耶稣基督视作"昨日、今日、一直到永远是一样的"（希伯来书十三8）。哦，那么，在护理的莫测变化中，你们将表现得何等平静！也许，两三天的时日已让你们变得悲伤失意。一位至亲的去世让一切天翻地覆。不久前他所在的地方现在空空如也，正如："故土也不再认识他"（约伯记七10）。然而，神的所是及所在，一如既往，时间不会改变祂的分毫。"草必枯干，花必凋残；惟有我们神的话必永远立定。"（以赛亚书四十6-8）哦，在黑暗的护理中，这些对神的认知将使我们的灵何等镇定从容！

还有，努力地将你们的心思置于这些框架中，并操练那些心境，就是在临到你们的特别护理中神所呼召的（传道书七14）。

正如有各式各样的情感植根在你们的灵魂中，同样也有各式各样的恩典植根在这些情感中，并且有各式各样的护理被指定来唤出和践行这些恩典。

当神的护理带来悲伤和痛苦时，无论是临到全体教会的，还是特定临到你们的家庭和你们个人的，正是你们操练敬虔的哀伤和灵性的谦卑的合适时机。因为在那一天，神藉着这些护理，发出呼召（以赛亚书二十二 12；弥迦书六 9）。感官的享受和日常的快乐显得不合时宜："我们岂可快乐吗？"（以西结书二十一 10）若我们有顺从的灵，当我们的天父发怒时，我们便不会轻浮和自负。若真有什么罪恶意识惹动了神的怒气，那么当神为此击打我们时，我们理应感到悲伤。若对罪给世界带来的苦难有任何感知和同情，就会促使我们同大卫一齐说："我看见奸恶的人就甚憎恶"（诗篇一百一十九 158）。念及在今世和来世他们加诸己身的苦痛，实在令人悲哀。如果有任何对我们的护佑来阻止彻底的毁灭，止息神的愤怒，我们知道这就是可行之路（阿摩司书四 12）。

无论神的护理之面容如何忧伤沉郁，这一切之下，在神里面依然满有灵性的喜乐和安慰。"虽然无花果树不发旺，葡萄树不结果，橄榄树也不效力，田地不出粮食，圈中绝了羊，棚内也没有牛；然而，我要因耶和华欢欣，因救我的神喜乐。"（哈巴谷书三 17-18）

有两种安慰，天然和感官的，以及神圣和灵性的。有时基督徒要同时操练两者（以斯帖记九 22）。而有时前者将被暂停和搁置（诗篇一百三十七 2），但没有任何时候，在神里面的灵性喜乐和安慰是不合宜的（帖撒罗尼迦前书五 16；腓立比书四 4）。这种灵性的喜乐或安慰正是我们的心在神里面的欢愉，以及我们对于在神和祂的应许里的益处之认知。并且可以确定的是，对于基督徒来说，没有任何护理能使之成为不合时宜之物。

让我们设想一个基督徒可能身处的最为痛苦和不幸的状态，当那些（苦楚）只是暂时存在，这些（荣耀）却是永恒的（哥林多后书四 17），那么令人忧伤的护理又怎会令他将在神里面的安舒置之一旁呢？

我们为什么要因令人忧伤的护理而放弃以神为乐呢？在山穷水尽之时，有无限的理由促使圣徒去欢喜，而非沮丧。恩惠的冰山一角为他们带来的安慰，胜过他们全部的苦难所带来的绝望。你们所有的损失都不过如同一个王子损失了一枚硬币而已（罗马书八 18）。

既然他们的神在一切的患难中始终与他们同在，他们怎么会悲伤呢？正如基督所说："新郎和陪伴之人同在的时候，陪伴之人岂能哀恸呢？"（马太福音九 15）所以我说：当神与之同在，灵魂岂会悲伤呢？哦，我想到了那一应许："他在急难中，我要与他同在"（诗篇九十一 15），这应许会在所有的重担下托住你们。让那些在患难中没有神可求助的人沮丧去吧。

既然神的护理之可见的事工，尽管令人忧伤，但并不能都被解读为神的憎恶或敌意的标志或预兆，我们为什么要忧伤呢？"义人和恶人都遭遇一样的事。"（传道书九 2、3）确实，如果这是耶和华向人发烈怒的预兆，我们就有理由沮丧。但事实并非如此，当神的护理之面容愁云满布，神的心意却是慈爱充盈。

既然我们有如此大的安全感，我们为什么要在令人忧伤的护理中沮丧呢？神还会藉着这些护理之手，使我们得益处，并使这一切的事都化作我们的救恩（罗马书八28）。藉着这些护理，神只不过是扼杀了你们的恶欲，使你们的心脱离虚妄的世界，预防试探并激发你们对天堂的渴慕。这就是这些护理带给你们的全部烦恼，这应令我们悲伤吗？

当我们境况的翻转近在眼前时，我们为什么要放弃在神里面的喜乐呢？过不多时，悲伤就会逃遁。你们永远不再受苦："神也必擦去他们一切的眼泪"（启示录七17）。所以你们看，没有理由因为神的护理而放弃你们在神里面的喜乐和安慰。但是若你们要在所有的护理之下得以持守，就要谨慎确保你们有分于神并有可呈与神的确据。信心或许可以与安慰无关，但确据不能。

要以你们对世俗之物无节制的恋慕为羞耻。这使这些护理如此沉重地剥夺和惩戒我们。要抑制你们的主张和情绪，就可以减轻你们的痛苦。正是强烈的情绪造成了强烈的痛苦（撒母耳记下十八33）。

尽量多默想主的临近，所有这些事情对你们来说都将显得微不足道。"当叫众人知道你们谦让的心。主已经近了。"（腓立比书四5）

操练属天的心智，在神使你们在世经受的一切护理之中，持守你们的心在永恒之事上。"挪亚与神同行"（创世记六9），然而如同自他那个世代以来的任何人一样，这在他所处的世代被当作令人忧伤的护理。但是，唉！我们发现大多数护理让我们与神同行的脚步停滞，而非向前。若我们处于舒适的护理中，我们的心会变得多么恶俗、放纵和世故！若令人忧伤的护理降临在我们身上，我们又是多么沮丧和不安啊！之所以如此，部分是源自我们的狭隘，但更多地是由于我们灵性的虚谎。我们心胸狭隘，不知道如何处理属世的和属天的这两件本质上截然不同的事务，而不损害任何一项。但诚然，这样一种属灵境界是可以达成的，即无论什么临到我们，都使我们能够持久并稳固地与神同行。其他人已经做到了，我们为什么不能呢？令人亨通的护理在很大程度上对灵魂来说是一种危险的境遇。月满则亏，然而约沙法的恩典却并没有因他外在状况而遭受亏缺。"约沙法大有尊荣资财。他高兴遵行耶和华的道。"（历代志下十七5、6）大卫的生活如我们熟知的大多数人一样充满了忧虑、动荡和障碍。然而，他的心态是多么属灵！我们耳熟能详、精彩纷呈的诗篇，大多数就是在那些动荡之日被创作出来的。使徒陷入极度缺乏并遭遇了人所难当的困窘。但面对这一切，他们的灵是何等奋兴，在地如在天啊！诚然，如果在这样一种事态和情景下无法保有敬虔的心态，神绝不会用这样的护理来操练祂的任何百姓。祂不会赐下太多属世之物，让你们因恋慕世物而使内心迷失，又或甚少以致你们因思虑而分心。因此，若我们被更深切地圣化,我们属天的心性就会更为热切和蓬勃。若我们能更有效地抑制对属世之物的欲望,并与之保持应有的距离,那我们的外在境况就不会如此频繁地唤出并展示我们内在的败坏,我们也不会因为对在世身体的任何思虑,而冒险失去这如此甜蜜的与神相交的喜乐。

在一切护理中,对于神所分赐你们的属世之物,无论多或少,都需持守一颗满足的心。这恩典定会与所有护理并行。要学会怎样处丰富,怎样处卑贱,在任何景况下知足(腓立比书四11-12)。

无论在任何时候、任何状态下,这项责任都事关众人。不仅是神的百姓,甚至也包括未悔改之人。因此,我将提供一些对两者皆为适用的考量。首先是对那些未悔改之人,当护理不如所愿时,应停止抱怨和对神的愚蠢指责。让他们认真考虑下面四点:

首先,根据律法的总纲和福音的预示,地狱和永恒的诅咒是他们杯中的份。无论如何,因尚未临到,理应发出赞美,并视为神对于他们的恒久忍耐和宽容的结果。啊,可怜的人们哪!你们岂不知仅凭显明的律法条文所挟的忿怒,就能定你们为有罪的男人、女人吗(马可福音十六16;约翰福音三36;帖撒罗尼迦后书一6、7)?若是这样,除此之外肯定还有其他事情迫使你们反省、渴求、恐惧和担心。唉!如果你们不能忍受护理的蹙额皱眉,即在此类事上的稍许不称心，你们又如何承受永火呢？一个明日将被斩首的人不会太关心他前一晚睡什么床，或如何装点他的桌子。

你们要思想，虽然是已被定罪的人，且未得到蒙受任何恩惠的应许，但时至今日，你们已然拥有了很多的恩典。若你们处于痛苦将临的境地，生活就一无是处吗？尤其应思想当生命被夺去时，你们终将沉至何处。这些必须的生命供给岂可视若无物吗？神的护理岂没有将这些奉给你们吗？尽管你们天天得罪祂，并激怒神打发你们去自己的地方。但最重要的是，使你们有能力逃脱地狱诅咒的福音和宝贵的救赎手段，难道也被视为无关紧要吗？哦，如果那些下地狱的灵魂可再次被置于你们的处境，他们会说什么呢？然而，你们却居然因其他一切不符合你们欲望之事而向神恼怒吗！

想想看，如果你们竟然从所处的悲惨景况中获救，这些你们常为之抱怨的带来挫折的护理才是最有可能的实现途径。唉！兴旺和成功并不是拯救之道，恰是毁灭之道（箴言一32）。你们的耳朵若要被开通得听教训，你们便必须被锁链捆住，被苦难的绳索缠住（约伯记三十六8-10）。若你们继续顺利地我行我素且未曾遇见十架，你们就有祸了。

最后，想想你们所抱怨的一切烦恼，都是因你们的罪所致而加诸己身。你们把神的怜悯化为罪愆，然后却因祂把你们的罪愆变成悲伤而向神烦躁。正是你们的行事方式招致这些祸患。因此你们要以手覆唇，说："活人因自己的罪受罚，为何发怨言呢？"（耶利米哀歌三39）

但现在我必须转向神的百姓，他们在所有人中最没有借口对神的任何护理感到不满，但却常常表现出这种态度。我将向他们提出以下几点思考：

思想主耶稣赐给你们的属灵恩惠和特权，若可以，就抱怨你们要经历护理的命运吧。这些恩惠中的任意一项就足以使你们在这个世界上的所有愁苦变得甘甜。当使徒思想它们，他的心就大为震惊，因此他忍不住于外在的患难中大声疾呼："愿颂赞归与我们主耶稣基督的父神，祂在基督里曾赐给我们天上各样属灵的福气"（以弗所书一3）。啊，谁若看见在基督里赐予他的如此产业，就再也不会开口抱怨他要经历护理的命运了。

思想你们的罪愆，你们就会满足于你们的命运。是的，在罪中要思考两件事：罪从神当得什么，抑制和洁净你们里面的罪，需要什么。它应该从神那里得到永远的毁灭。地狱的益处存于最徒劳的妄想之中。每一个罪都会让你们丧失所有的恩惠，既如此，与其思想你们的恩惠不再，倒不如思想你们的恩惠是如此丰盛。此外，毋庸置疑，所有临到你们的挫折、缺乏和患难，都是抑制和征服你们的败坏所需的，并可能还需要更多。你们岂没有发现，在经受了一切所加于你们的杖罚之后，你们仍有一颗骄傲、虚荣和世俗的心吗？哦，清除这种致命的痼疾需要何等多的苦药啊！

想想吧，不需多久你们的处境就会改变。只需一点耐心，万事终将会如你们心之所望般美好。这个世界将是圣徒所呆的最糟糕的地方，这对他们来说是不小的安慰。万事于他们而言将日臻完美。好比一位旅行者花光了他所有的钱，但他若知道自己离家不过几英里，便不会对他造成多大困扰。纵使房内没有蜡烛，我们若确信黎明将至，我们就不会为之烦恼，因为那时它们就派不上用场了。我们的处境就是如此："因为我们得救，现今比初信的时候更近了"（罗马书十三11）。

这篇论述的指导性部分便到此为止。但在我继续之前，我认为有必要给出一些警告，以防止滥用神的护理。

若是护理耽延了任何你们长久以来为之等候、祈求的恩惠，要确保你们不致因此灰心，也不要因此而在等候神时生发倦怠。

耶和华常常乐于这样试验和操练祂的百姓，使他们呼求："主啊，要到几时呢？"（诗篇十三1、2）这些耽延是常有之事，无论是出于属灵的还是属世的缘由。当遇到耽延出现时，我们太容易倾向于将其理解为拒绝，并陷入罪性的沮丧情绪之中，尽管这样做是毫无道理的（诗篇三十一12；耶利米哀歌三8、44）。祷告并不总会在我们向神寻求的那一刻得到回应，虽然有时情况确会如此（以赛亚书六十五24；但以理书九23）。即使上主乐意为我们施行我们所渴慕的怜悯，但祂通常会因以下几种原因操练我们的忍耐等候：

其一是，我们期望的时间并非是我们蒙怜悯的恰当时机。怜悯的时机是一个大大加增其本身价值的极重要因素。神的判断非同我们的判断。我们都是急于求成，此刻就要得到（民数记十二13）。"因为耶和华是公平的神，凡等候祂的都是有福的。"（以赛亚书三十18)

另一个原因是，当我们如此急切不耐烦地想要寻求改变时，苦难性的护理尚未成就它们奉差遣对我们内心的改造，于是杖必不会挪开（以赛亚书十12）。

再有，在我们的需要和供应之间，在我们的痛苦和救拔之间，祷告和内心的自省越多，成就在我们身上的救拔和供应就越甘甜，"看哪，这是我们的神，我们素来等候祂，祂必拯救我们。这是耶和华，我们素来等候祂，我们必因祂的救恩欢喜快乐。"（以赛亚书二十五9）这就补偿了耽延，回报了我们忍耐所付的所有代价。

尽管有如此重要的原因，需阻止和延迟带来更新及安舒的护理，但我们却无法忍受。我们的双手下垂，内心发昏。"我因呼求困乏，喉咙发干；我因等候神，眼睛失明。"（诗篇六十九3）多么可叹啊！我们通过感觉或表相做出评判，却不思想，神的护理之手似乎在攻击我们，但祂的心却向着我们。若事态依然如故，我们便认为我们的祷告落空，对神的希望也随之破灭。更何况，当事态日趋严重，并且我们的黑暗和困苦加增，正如破晓时分和我们的处境改变之前的常态，我们就会断定神对我们的祷告发怒。看看基甸的反应（士师记六13）。这甚至动摇了摩西的信心（出埃及记五22、23）。哦，在那样的时刻中，神儿女们心中向祂存有的，是何等无端的猜忌和怀疑（约伯记九16、17；诗篇七十七7-9）！

但这是我们的大恶。为要在将来的试炼中杜绝此类情况，我就此针对性地提出一些适当的考量。

首先，恩惠的耽延实在是为了你们的益处。你们读到"耶和华必然等候，要施恩给你们"（以赛亚书三十18）。怎么说呢？唉，那不是别的，正是祂用来预备恩惠和预备你们的心接受恩惠的时间，当你们在拥有时，好让最大的安慰之益处伴随着你们。愚拙的孩子会在苹果尚青之时将其摘下，但当苹果成熟时，它却会自动落下，且更宜人和有益健康。

其次，比起即刻享有我们最渴求、最迫不及待的恩惠，有一颗愿意把所有都交托给神，并听命于祂的心，则是更大的恩惠。前者，是神讨你们喜悦；后者，是你们讨神喜悦。恩惠可能作为普遍性的护理之果临到你们，但如此心态，却是特殊性的恩典之果。神的荣耀较受造物的满足和快乐而言胜出几何，如此心态就同理优于这些恩惠之果。

第三，所期待的恩惠最临近之时，往往是神百姓的心情和希望处于最低落的时候。他们从埃及和巴比伦被拯救出来时即是如此（以西结书三十七11）。因此，我们在自己的个人关切中有这样的领悟："到了晚上才有光明"（撒迦利亚书十四7）。当我们看见黑暗增长，光明也即将出现。

第四，我们与恩惠不配是它们耽延如此之久的原因。我们在恩惠的来路上设置障碍，随后却抱怨它们姗姗来迟。"耶和华的膀臂并非缩短，不能拯救，耳朵并非发沉，不能听见。但你们的罪孽使你们与神隔绝，你们的罪恶使祂掩面不听你们。"（以赛亚书五十九1、2）

第五，将你们所等候的恩惠，视作纯粹恩典的果实。你们并不配得，也不能以任何自以为是的名义要求拥有它们。因此，你们有理由以忍耐和感恩的心等候它们。

最后，想想有数以百万计的与你们一样天性良善的人，与所希望和期盼的一切恩惠永远隔绝，而对他们来说，只剩下"恐惧战兢地等待愤怒"。你们或许本会如此。所以，不要让心灵在等候恩惠时急躁难耐。

不要过度好奇地窥探神的护理之奥秘，也不可用你们浅薄的认知，狂妄地论断和责难它的筹划。

神的作为和话语，其中的确有难解之处。我们应该谦卑恭敬地尊崇，而非过于莽撞和绝对地将其教条化。人极易被妄自尊大压伤。亚萨说："我思索怎能明白这事，眼看实系为难"（诗篇七十三16）。加尔文如此解读："我思索怎能明白这事"——有一种傲慢的理性尝试，他在那里窥探神的护理之奥秘——"但这对我来说太过奇妙"，是在做"无用功"。他如此深窥义人的苦难和恶人的兴旺这一令人困惑不解的奥秘，直到引起对他们的嫉妒和自身的沮丧（诗篇七十三3、13），这就是他尝试用理性的魔法棒召唤神的护理的全部所获。义人约伯也曾犯下此恶，并坦率地为之羞愧（约伯记四十二3）。

我知道，神的话语或作为并未与正当理性相抵触，但两者中均有某些东西与世俗的理性相悖，同时也超越常规的理性。因此，当用理性的魔法棒召唤超越其范围和能力之外的那些事物时，我们的理性便显出其自身的极不合理性。且这一做法会招致诸多的危害接踵而至。

如此行，我们会陷入一种极不值得的，对神彰显于应许中的信实之怀疑和不信之中。撒拉在听到应许之子的宣告时暗笑，因为这与理性相悖，理性告诉她这显然不可能发生（创世记十八13、14）。

因此，苦难性的护理令人心灰意冷、萎靡不振。理性辨别不出其中的善果，及其带来的拯救。所以在罪性的沮丧中，我们的手下垂，声称这一切于我们不利（撒母耳记上二十七1）。

于是试探流出，以诡诈和罪恶之术将我们辖制（以赛亚书三十15、16）。当我们自己的理性使我们对神的护理充满不信任时，它自然会促使我们采取罪恶的权宜之计，使我们陷入自己制造的网罗之中。

故此要小心，不要太过倚靠你们自己的推理和认识。没有什么比其更似是而非、满有凶险。

第十章
默想神的护理之益处

在为如何合宜地处理这项伟大而重要的责任指明方向之后,下一步就是立定心志,使之成为我们一生中每日不间断的工作。哦,从前述所建议的那样对神的护理的查考,会产生出何等平安、喜乐、安稳、圣洁的勇气和信心啊!可是,我们也许会说,论及神圣的神的护理的发声,正如经上所记:"神说一次、两次,世人却不理会"(约伯记三十三 14)。神的护理已多次发声,指导我们应尽的责任,对我们的过犯定罪,在沮丧中赐下勉励,但我们并不予理会。因这类疏忽,导致我们在职责和安慰上是何等缺欠!因此,有必要来向你们展示,在每日尽心观察祂的各样护理中与神同行的美妙和精彩，如此我们的灵魂可以被其深深吸引。

首先，让我向所有蒙恩的灵魂呈现这一令人感动的论点，即通过这种方式，你们可以每天都与神保持甜蜜而自觉的相交。与此相比，这世界上还有何可悦之处呢！"因祢耶和华藉着祢的作为叫我高兴，我要因祢手的工作欢呼。"（诗篇九十二 4）神手中的作为和祂口中的言语，都能使你们的心甜美舒畅。诗篇第一百零四篇的所有篇幅，都在思想那些充满了诗人内心的神的护理的作为，以至于他激情迸发地表达其果效："愿祂以我的默念为甘甜"（34 节）。

正确且严格地来说，与神相交包括两个要点，即神向我们的灵魂彰显祂自己，以及灵魂向神适当的回应。这就是我们在尘世间与神的团契(koinonia, fellowship)。神既藉着典章，也藉着护理向祂的百姓显明自己。一个已分别为圣的灵魂中的任何美德，都离不开神在祂护理中所彰显的仁慈的感化。有时，在纠正性及惩戒性的护理中，神会表达对祂百姓罪恶的不满和愤怒。祂的杖带着责备的声音："你们当听是谁派定刑杖的惩罚"（弥迦书六 9）。这种神怒气的彰显，宽容地使一个蒙恩的灵魂为之感动和消化，并对其产生了双重甘甜的果效，即对过往之罪的忏悔，和对将来之罪应有的警惕。

它使心灵因所犯的罪而消化和感动。在苦难中，当神的手在大卫身上因加于他的痛苦而沉重时，他的心就因他的罪消化了（诗篇三十二 4、5）。因而，被掳的教会所承受的，是世上历世历代神百姓所曾遭受的最为悲伤和凄惨的护理，留意他们的心在这严厉的责罚中如何因罪而破碎（耶利米哀歌二 17-19）。

继而，它对未来的罪发出警告。很明显，神的护理的责备在蒙恩的心上留下了此种果效（以斯拉记九 13、14；诗篇八十五 8）。

有时，针对集体或个人，神用带着微笑和复兴的护理来鼓舞和安慰祂百姓的心。神的护理之手高举有时，下垂有时。时过境迁，神的护理的各个方面都令人欢欣鼓舞，他们的冬天似乎即将结束。他们脱下举丧的麻衣，然后，蒙恩的灵魂就向天发出了何等芬芳的回应！神是用繁盛高举他们吗？他们也会用赞美来高举他们的神（诗篇十八篇，标题和 1-3 节）。因此，当神将摩西和跟随他的众百姓从法老手中解救出来的时候（出埃及记 15 章），他们在感恩之歌中如此高举神，这首颂歌因其优雅和充满灵性，继而成为圣徒在荣耀中颂赞神的象征（启示录十五 3）。

总的来说，我们在神的一切典章中与祂相交通常怎样造就我们的心，我们发现在神的护理中与祂交流，可以达成同样的果效。

在众圣徒的经历中，时常会有如此发现：若他们在无论怎样的律例或职责中，与神有任何自觉的相交，都会自然而然地，因着感动于神对我们这些如此卑劣可怜如蛆虫般的世人的神圣俯就，带出他们灵里深深的羞愧和谦卑。亚伯拉罕即是如此，"我虽是灰尘"（创世记十八27）。我们在神的护理中与神的对话也产生同样的果效。因此，当神在祂护理之路上使雅各亨通时，他是如何俯伏在神的脚前，如同一个被蒙恩的感觉所覆蔽的人那般！"祢向仆人所施的一切慈爱和诚实，我一点也不配得。我先前只**拿着我的杖过这约旦河，如今我却成了两队了。**"（创世记三十二10）大卫亦如此："主耶和华啊！我是谁？我的家算什么，祢竟使我到这地步呢？"（撒母耳记下七18）我确信你们当中有一些人，会发现自己有着与这些圣徒对此所表述的相同的心境。你们岂不记得神藉着护理高举你们之时，你们怎样在祂面前俯伏，较以往更看自己为卑劣！嗨，所有蒙恩的心都是如此。我算什么，神竟愿如此待我！哦，如此伟大圣洁的神竟然顾念如此卑劣、罪恶的虫！

在典章中与神相交是否会使心感动于对神的爱中呢（雅歌二3-5）？啊，对神的护理的观察也是如此。从未有人正确地与神的护理之工交谈过，却发现自己的心有时会因祂的恩惠而融化成对神的爱。当神救大卫脱离扫罗和他一切仇敌之手时，他说："耶和华我的力量啊，我爱祢"（诗篇十八1与标题相比照）。人人都爱神的恩惠，但圣徒却爱赐恩惠的神。神的恩惠，在加速恶人私欲的同时，也是保持义人对神之爱的动能。因他们对神的爱并非建基于这些外在的益处。"主啊,祢所赐非我爱,所爱唯独是祢"是一颗蒙恩之心的座右铭。然而这些事情的功用是点燃了他们心中对神的爱火,并且他们发现确实如此。

与神相交是否会激动灵魂以利刃来抵挡罪?是的,在摩西身上就看到一个很适切的相关案例。他在山上与神同住四十天,在那里与神相交。当他下来看见百姓所造的牛犊,且看他的灵魂被置于何等激愤和怒气的虔诚爆发之中(出埃及记三十二19、20)。哎,若仿效圣徒在神的护理中与神的交谈,你们也可以识别出同样的果效。究竟是什么深深刺穿了大卫的心,使他意识到自己罪孽深重?这在诗篇五十一篇中呈现得淋漓尽致。哎,若你们查究标题,你们会发现这是拿单谴责大卫的结果。若你们察考撒母耳记下十二章7至10节,你们会发现在大卫生平所经历的数次满有慈爱的护理之工中,神向他彰显美善,他却向神报以如此的邪恶。意识到这一点,使他为之心碎。我毫不怀疑,若是我们中一些人将神的道路和我们自己的方式放在一起对比,有时会发现类似的感受。

与上主相交是否会扩展心灵投入于顺服和事奉?这确实就如同车轮有油的润滑,才能在运转中自如灵活。因而当以赛亚得到了神特殊的启示,主说:"我可以差遣谁呢?"他便呈献出一颗为此预备好的心:"我在这里,请差遣我"(以赛亚书六8)。啊,正如你们可以在约沙法（历代志下十七5，6）和大卫（诗篇一百一十六12）身上所看到的，成圣性的护理之下也会产生完全相同的果效。哦，当一个灵魂思想神为其所成就的，他不得不说：我用什么来回报？我应如何回应这些承诺？

所以你们看，一个灵魂在神的护理之道中与祂可以有多么甜蜜的相交。哦，但愿你们会因此与祂同行！你们在这道中会在地上预尝何其多天国的美好！诚然，当神的恩惠在你们心中产生如此果效时，祂当然不会后悔降福给你们。祂会说，每个恩惠的赐予都是超值的，是被善用的，祂会喜悦善待你们直到永远。

基督徒生活中很大一部分的快乐和喜悦来自对神的护理的考察。"耶和华的作为本为大，凡喜爱的都必考察。"（诗篇一百一十一2）亦即，对神的护理的察考是如此甜蜜愉悦，理应邀请并吸引灵魂去探索并沉浸其中。对一个柔和的灵魂而言，这样的注目和察验是何等令人欣喜！

从神的护理的结果上，观察神属性美妙的和谐一致！它们有时似乎互相冲突和抵触，南辕北辙，甚至背道而驰。但它们只是看起来如此，因为在完结之时，它们总是彼此汇合相拥。"慈爱和诚实彼此相遇；公义和平安彼此相亲。"（诗篇八十五10）这一表述，与将以色列从巴比伦的掳掠中拯救出来的重大护理，及其带来的甜美果效，有着直接的关联。表面上似乎彼此相距甚远长达七十年，神应许中的诚实和公义，确实在实际结果中，体现出慈爱和平安的相亲相拥。这句经文所使用的引喻，通常见于两位相亲相爱的朋友，在长期离别和分隔之后，彼此给出和接收到的快乐和喜悦。他们一见面就彼此微笑、拥抱、亲吻，正是此处经文所提及的情景。希伯来语可能表达成"遇见了我们"，这也没错，因为每当这些蒙福的应许和作为相遇并互相亲吻时，它们也会被归信的灵魂快乐地拥抱和亲吻。我相信，这段圣经经文也间接指向了弥赛亚，以及祂对我们的救赎。在祂身上，这些先前在我们救赎事务中似乎相互冲突和矛盾的神的属性，有着甜蜜的一致和成就。在蒙福之约中，真理和公义的确与怜悯和平安相遇。这是多么美妙的景象，何其令人悦目！哦，若我们愿意站上我们的望楼（哈巴谷书二3），认真观察神的护理，我们会收获多么可贵的前景啊！路德把它理解为神的话语，意思说，我要研究神的话语，在那里观察神是如何成就万事，引领他们前行，以及祂的作为是如何应验祂的话语。其他人，如加尔文，将其理解为一个人的退思和默想，他在其中仔细观察神对于整个世界或对于作为个体的自己，有怎样的旨意和设计，以及圣经中神的信实和公义，是如何克服重重困难和障碍，最终在神赐予圣徒的怜悯、平安和喜乐中相遇。无论你们从哪种意义来看，每一个信徒都和先知哈巴谷一样有自己的望楼。

请允许我说，站起来观看神属性的一致，祂旨意的成就，以及我们在神的护理之工中的福乐，这是天使般的事工。因为看见神的旨意成就，祂的属性在教会所领受的怜悯与平安中得荣耀，这正是天上众天使和众圣徒的喜乐（启示录十四 1-3、8）。

看到神属性的和谐是令人喜悦的。看到我们的祷告和盼望如同从死人中复活一般，更是令人欢欣鼓舞。是的，若你们认真观察神的护理对你们所做的工，你们应该会常常看得到。我们盼望并祈祷这样的恩惠临到教会，或是我们自己。但是神却推迟对我们盼望的成就，暂缓对我们祷告的回应，且似乎在对我们说："因为这默示有一定的日期，快要应验，并不虚谎。虽然迟延，还要等候；因为必然临到，不再迟延"（哈巴谷书二 3）。但我们没有耐心等待应许的时间，我们的盼望在期间衰微破灭。我们同灰心的教会一起说："我在耶和华那里毫无指望"（耶利米哀歌三 18）。但是，在我们放弃了一切指望之后，看到这些祷告被成就，这是多么甜蜜和受安慰啊！我们岂不能说这些是"从死里复活"的吗？大卫就是如此（诗篇三十一 22），他由于绝望已放弃了他的盼望和祷告，却在有生之年看到了它们令人安慰且意外的回归。约伯亦然（约伯记六 11），他已经放弃了对复兴之日的所有期待，然而这人却亲眼看到他失落的所有安舒死而复生，且胜于先前。想想看神的护理的变更和令人意外的翻转，如何影响他的灵魂。我们的希望和祷告如同我们的善举："当将你的粮食撒在水面，因为日久必能得着"（传道书十一1）。或者如同雅各，他放弃了一切希望，认为再也见不到他深爱的约瑟，但是当一个非同寻常、意想不到的神的护理再次在绝望中给他带来怜恤时，啊，这是多么地令人振奋欣喜并心旷神怡啊！（创世记四十六29、30）。

看到神的护理从那些似乎要给我们带来毁灭或不幸的威胁中，为我们带来巨大的祝福和益处，这是多么令人喜出望外！因而，适切地观察神的护理的方式，你们便可能会有如此发现，能给你们带来特别的慰藉。约瑟并没有料到他被流放到埃及是为了他在那里的高升，然而他依然在欢畅中见证这一切，并心怀感恩为此称谢（创世记四十五5）。等候并留意，你们必定会发现那个应许（罗马书八28）以它的方式，在一切的护理中兑现。你们曾有多少次像大卫那样说："我受苦是与我有益"（诗篇一百一十九71）。哦，我们看到，我们第一次遇见我们的苦难，和我们与苦难告别时，是何等不同！我们迎之以叹息和眼泪，却别之以喜悦，因着这些为成就我们益处的器皿而赞美神。这样，我们的恐惧和悲伤就化为了赞美和感恩的颂歌。

对于一个可怜的灵魂，在自己里面所见的只有罪和污秽，与此同时却看到至高神所赋予他的高度重视和价值，这真是无法言喻的安慰啊！因着神的护理的适时临到，这便会显出端倪，因为有人看到"我一生一世必有恩惠慈爱随着我"（诗篇二十三6）。其他人追求益处，它却如飞而逝，他们永远无法追上。但是恩惠和慈爱伴随着神的百姓，他们无法躲避或逃离。它日日追随他们，甚至当他们有时因自己的罪偏离其道时，它也会找到他们。在一切临到他们的护理中，恩惠和慈爱紧随他们。哦，当他们偶尔回顾这些事时，他们的心应为之何等感动！"即便是在先前的恩惠中，我对其所有的恶意冒犯和滥用，岂不也并未见神的慈爱因此被拦阻而不再随着我吗？主啊，我是谁，当报复和愤怒寻索与我一样天性善良的其他人时，恩惠竟如此追随着我？"当神为了人的益处，以无论是带来安慰或是苦难的成圣性护理随着他时，这当然显明了神对人极其看重。这是何等一目了然，"人算什么，祢竟……每早鉴察他，时刻试验他"（约伯记七17、18）。当然，神的百姓是祂的至宝，由此可见确实如此，因祂从不将祂的眼目从他们身上收回（约伯记三十六7）。我并非说神对人的恩惠和看重仅仅止于祂的各样护理，但成圣的护理会更显而易见。当它如此行时，这毫无疑问是极大的喜乐。

整个世界，有什么能像发现自己正在通往天国的路上突飞猛进，给一个人带来如此的喜乐和安慰！而这可以通过对各样护理的影响和结果的用心感知来领悟。无论何时，神的护理之风向与潮流看起来与我们相悖，但毫无疑问它们都是在协力促使已分别为圣的灵魂归向神，并使他们得荣耀。

圣徒保罗知道，他的捆锁和由此而来的痛苦会成为，或正如经文意涵，最终带出他的救恩。并非它们本身能达成任何这样的目的，乃因他们受此目的支配和影响，"藉着你们的祈祷和耶稣基督之灵的帮助"（腓立比书一19）。当外在的祷告和内在的圣灵与它们联合时，那么所受的痛苦就成为促成救恩的绝佳方式。当我们观察到，在以理智与直觉看来正是与我们的幸福相悖的那些事物，是如何化为成就它的最蒙福的器皿时，我们岂不喜出望外！神是如何祝福十字架来抑制败坏，祝福缺乏来去除我们的放纵，祝福失望使我们与世界分别！哦，我们很少想到，尽管当下感觉是如此地不堪重负，回顾这些事时将会是多么地得安慰啊！

我恳求你们思想，对神的护理的合宜观察会是何等有效的途径，来抑制和征服你们心中天然的无神论倾向。

最良善者的心中也有一颗天然的无神论种子，且在对神的护理之工做出的轻率及错误的论断中肆意滋生。当我们见恶人在世亨通，义人在公义和正直的道路中被压伤毁灭，这或许会诱惑我们以为信仰毫无益处，我们所有的克己和敬虔只不过比徒劳好一点。义人亚萨就是这样的实例："看哪，这就是恶人；他们既是常享安逸，财宝便加增"（诗篇七十三12）。属肉体的将由此做何推论？无非是圣洁之道的无用性："我实在徒然洁净了我的心，徒然洗手表明无辜"（13节）。属肉体的理性，已准备好从恶人得享的外在亨通中得出这种不敬虔的推论。但现在，若我们仔细观察神的护理在今世对他们当中诸多人，或在来世对所有人的重大惩罚，哦，这对我们的信心是何等充分的坚固啊！"耶和华已将自己显明了，祂已施行审判。"（诗篇九16）诗篇五十八篇涵盖了至恶者的特征，他们的不义因其犯罪的蓄意性（2节）、习惯性及常规性（3节）和不可救药性及顽梗性（4、5节）而愈显邪恶。神的护理被呼求来摧毁他们的能力（6节），或是渐进而悄无声息地灭绝他们（7、8节），或是报之以一记突如其来的意外重击（9节）。

如此的护理会对义人产生怎样的影响呢？嗨，它会是欢喜之事（10节）以及对神信靠的有力明证："在地上果有施行判断的神"（11节）。

反之，展示神的所是、智慧、能力、慈爱和信实的那些护理是何等令人信服地清晰明白！它们在一切危险、恐惧和困境中支撑、保守和拯救义人。在这些事上，耶和华向祂的百姓显明自己（诗篇九十四1）。是的，祂在护理中将自己显现给属灵的眼目，如太阳凭其光束显明自己般清晰。"祂的辉煌如同日光；从祂手里射出光线，在其中藏着祂的能力。"（哈巴谷书三3、4）此处说的是神为祂的百姓出征，拯救他们脱离仇敌。然后，有角声或能力和仁慈的光线从祂手中发出。祂的手意味着祂护理的给予和实施，而从其中发出的角声，正是祂的属性在护理中的荣耀展现。在那带领他们出埃及的重大护理中，神用什么方式让祂的百姓认识祂自己呢？（出埃及记六3）。祂就凭祂的名耶和华使他们认识祂，藉着护理将所应许的怜悯赐给他们。

因此，当基督向祂的百姓施行最后的及最伟大的脱离敌基督的拯救时，祂会向他们显明自己，"祂穿着溅了血的衣服，祂的名称为神之道"（启示录十九13）。之前祂的名是神之道，随后祂就是道，启示并显明神的应许和诚实，并在今日实现和成就。"因为祢的名相近，人都述说祢奇妙的作为。"（诗篇七十五1）

但更为现实的是，让我们回归到自己的经历中。也许，有时我们发现自己会受到无神论思想的攻击。我们倾向于认为，神令地上一切事处于自然的进程和支配中，并且我们的祷告不达于祂（耶利米哀歌三44），祂不关心临到我们的不幸。但圣徒请告诉我，你们手中岂没有足够的能力堵住这一切试探之口吗？哦，只需反思你们自己的经历，并郑重向你们自己的心提出以下问题：

你们岂未看见在你们所行的一切路上，全能的神对你们及家人的供应吗？是谁在你们所有的困境中供应了你们一切所需？难道不是上主吗？"祂赐粮食给敬畏祂的人，祂必永远记念祂的约。"（诗篇一百一十一5）哦，要考虑到这些供应的恒常性、时宜性和时而的非凡性，还有它们是如何作为祷告的回应而赐下。若你们能反对这一伟大真理的有力证据："祂时常看顾义人"（约伯记三十六7），就闭上你们的双眼。

你们岂未清楚认识到神的看顾，保护你们免于如此众多且极大的危险，正如你们迄今为止所逃脱和经历的那样？你们如何在众多致命的危险、疾病、事故、仇敌毁灭你们的阴谋中幸存下来？我相信，对此你们应毫不质疑，正是神的手一直在这些事当中，且唯因祂的看顾才使你们得以存留。当神如此明显地将大卫从一种危险的疾病和敌人针对他的阴谋中解救出来时，他说"因我的仇敌不得向我夸胜，我从此便知道祢喜爱我"（诗篇四十一11）。他从那些满有恩典的保护中得知神对他的眷顾。

在对你们的祷告回应和实现中，你们岂未清晰辨明神的手吗？对于有观察力的人们来说，这再清楚不过了。"我曾寻求耶和华，祂就应允我，救我脱离了一切的恐惧。凡仰望祂的，便有光荣；他们的脸，必不蒙羞。我这困苦人呼求，耶和华便垂听，救我脱离一切患难。"（诗篇三十四4-6）与此相似的是现今成千上万基督徒的经历。他们知道自己向神所求的。

恩惠之上有清晰的责任的戳印和记号，以至于我们能够说，就是这恩惠，正是我时常向神寻求的恩惠。哦，这些事何等令人满足和信服！

你们岂未清晰地察觉到神的手引导和指点你们的道路，达至你们未曾意料的福祉？那些自己从未曾计划的事，却超乎想象地实现了。许多这样的事是神所成就的。众圣徒中哪一个没有发现，"人的道路不由自己"（耶利米书十23）这句话，被清晰而无可争辩的经验证实？我相信，你们若回顾现今所拥有的恩惠，会发现十有八九，是上主为你们如此成就的。毋庸置疑，这些经历是何等令人心满意足！有一位神，极其珍视祂的百姓，是一位为他们成全诸事的神（诗篇五十七2）！岂能不全然相信，有一位看顾你们的神，因为你们发现在人生的一切试探和困境中，祂的应许依然实现，且信实地运行在那一切环境中？我向你们呼吁，岂没看见那应许的成就："他在急难中，我要与他同在"（诗篇九十一15）以及"神是信实的，必不叫你们受试探过于所能受的。在受试探的时候，总要给你们开一条出路，叫你们能忍受得住"（哥林多前书十13）。神的护理岂没有使这些事在你们眼前清晰明了，如同正午的日光一样呢？这样，在你们心中还有什么空间能留给无神论的主张呢？

对于神的护理作为的记忆和记录，将会是在未来的危机之中对信心的一个重大支撑。这一极佳作用全然体现在圣经经文里。在大卫所遭遇的一切困苦中，从未有过比这个更大的困境和痛苦。若不是思想先前的护理之工带给他的慰藉，他的信心无疑会绊跌。持守这一原则，信心进行了极为有力而确凿的论证。大卫的信心在很多急难之时也是如此。当他遭遇非利士讨战的斗士，他因着先前所蒙的护理鼓励了他自己（撒母耳记上十七 37）。使徒保罗也将自己的经历升华到同样的高度（哥林多后书一 9~10）。确实，这类事遍及整本圣经。有哪位基督徒不明白他的这些经历在带来慰藉和更新上的显著效用？但我不会满足于如同教授口中无用的陈词滥调的一般性主张，而是将努力向你们展示我们所记录的经验中的大有裨益之处，来鼓励在困境中奋力前行的信心。为此，我希望读者认真深思以下几点：

想想这类已经感受和品尝过的事情，对我们的灵魂有多大的益处，远超那些之前的任何经历中从未体验过的事情。经验无外乎就是把信心的对象交付于属灵感官的判断和考验。任何事物一旦在以前的经验中被品尝过、感受过、判断过，当它再次出现时，就更容易被相信和接受。对于信心来说，踏上一条它熟悉的、曾经涉足的道路，要比开辟一条它从未曾涉足、人迹罕至的新路要容易得多。因此，虽然一切信心的实践皆有困难，但极少有如首次在基督中所做的冒险那样罕见，原因就在这里。因为在附随性质的行动中，会有先前所有的经验来提供帮助和鼓励。但在首次的冒险中，全然无助，所走的是一条此前未曾了解的道路。

没有经受任何试炼或经历就信靠神，是一种更为高尚的信心实践。但众所周知，我们反复试验神之后再信靠祂要更容易些。哦，对于一个陷入新的困境和危难的灵魂而言，能够说我并非第一次陷入这些深渊中，并且已经从中摆脱出来，这实在是相当大的长处。因此，基督用神的护理在先前缺乏的日子里为众门徒所成就的，来唤起他们的记忆："你们这小信的人，为什么因为没有饼彼此议论呢？你们还不明白吗，也不记得吗？"（马太福音十六 8-11）也就是说，在此之前你们岂是从未需要饼吗？这岂是你们信心遇到的第一个难处吗？不，不，你们曾陷入过困境，从前在神的供应中经历过神的大能和看顾。因此，我不得不称你们为"小信"的人。因为非常平凡、微小的信心，辅之以你们所拥有的如此多的经历，足以促使你们信靠神。在经历之前，还是在经历之后相信的差别，如同带着气囊游泳和我们首次不带气囊冒险进入深水的区别一样。先前的经历，在回应了对于信心目标的一切不信的抗辩和反对后，会给你们的信心带来何等非凡的鼓励啊！不信者在神面前因两件事跌倒：祂的能力和祂乐意帮助的意愿。

不信者坚持认为在痛苦的深渊中得拯救是不可能的事。"神在旷野岂能摆设筵席吗？……祂还能赐粮食吗？还能为祂的百姓预备肉吗？"（诗篇七十八19、20）哦，我们关于神的这可鄙可弃的想法，源自我们用自己的准绳和尺度测量神那浩瀚无限的能力。因为我们看不见拯救从何处来，便认为毫无拯救。但严肃反思我们自身的经历，就可推翻这一切不信的辩论。神已经帮助，因此祂能。"耶和华的膀臂并非缩短。"（以赛亚书五十九1）祂的权柄与能力同先前一样。

不信者质疑神的意愿，质疑祂现在是否有恩典，尽管祂先前如此。但在如此频繁经历了祂随时的帮助后，还有什么可怀疑的呢？因而保罗从神过往已经做成的，推论神能够成就的（哥林多后书一10），大卫也是如此（撒母耳记上十七36）。诚然，若一个人从未经历过神对他的慈爱，质疑神对于他的良善的旨意就不是什么滔天大罪了。但在这样频繁的尝试之后，还有什么不信的余地呢？

这就极大地坚固了信心，以回应对此议题出于不信的异议。这些异议也主要分为两类。

首先，源自我们的极其不配。不信者说，如此罪恶卑劣的受造物，怎能期待神竟为我成就这事或那事。的确，我们发现祂为亚伯拉罕、以撒、雅各、摩西等成就了大事，但这些都是至圣之人，都是顺服神并为祂舍己的人，他们在一天之中活出的神的荣耀，胜似我一生所做的！

但对于一个灵魂来说，这一切意味着什么呢？人在察觉自身的卑鄙和不配的情况下，也同那些圣徒一样尝到了神的良善。尽管像我这样不配，神依然恩待了我。无论从处境及性情来看，过去的我都不及现在，但祂的怜悯却在那时临到我。并且因此，我会期待祂继续以恩慈待我，尽管我不配得。"因为我们作仇敌的时候，且藉着神儿子的死，得与神和好；既已和好，就更要因祂的生得救了。"（罗马书五 10）

其次，源自我们目前境遇的极端性。若困难或危险发展到一定程度，我们在理性的眼中看到的，便只是毁灭和痛苦。不信就会对灵魂纠缠不休、烦扰不断。你们的祷告，你们的盼望在哪里？是的，你们的神如今在哪里？但参考我们先前案例中的经验，就会很容易抑制和避免这一切。这不是我第一次处于这种困境，也不是我第一次有同样的怀疑和沮丧。然而，神已经带领我渡过了这一切（诗篇七十七 7-9）。这就防止了基督徒在试探来临之时失去所有希望。哦，这一切对神的百姓是何其有益！

对先前护理的回忆，会关照你们的灵魂持续地赞美和感恩，这正是天上使者的工作，也是我们在地上生活的最甜蜜之处。

若神为大卫预备慈爱和诚实，他便会每日预备歌颂他的神（诗篇六十一 7、8）。"我从出母胎被祢扶持，使我出母腹的是祢"，慈爱从伊始就得到认可。"我必常常赞美祢"（诗篇七十一 6），此处所描述的，是这样的认可带出的自然结果。

关于赞美神,有五个要点,都和祂施与我们的护理有关:

(一)仔细查考我们从祂领受的恩惠(以赛亚书四十一17-20)。这是一切颂赞的基础。神不会因我们从未注意到的恩惠得荣耀。

(二)对于我们所得恩惠的忠实的记念。"我的心哪,你要称颂耶和华,不可忘记祂的一切恩惠。"(诗篇一百零三2)因此,神指责祂百姓的忘恩负义,"等不多时,他们就忘了祂的作为"(诗篇一百零六13)。

(三)给予每一个带给我们益处的护理以当得的感恩和珍视(撒母耳记上十二24)。那在旷野中赐他们吗哪为食的护理对他们来说是最为显著的。但因他们不重视它的价值,神就没有得到祂所期待的颂赞(民数记十一6)。

(四)激发灵魂的所有官能和力量去认识这些临到我们的恩惠。因此大卫说:"我的心哪,你要称颂耶和华,凡在我里面的,也要称颂祂的圣名"(诗篇一百零三1)。灵魂的赞美就是赞美的灵魂:这正是感恩祭的表征及精髓所在。

(五)恰当地回报所领受的慈爱。大卫对此非常在意(诗篇一百一十六1)。神因好王希西家忽略这一点而责罚他(历代志下三十二24、25)。这意味着,我们从护理之工而来的领受，一切源自神，要全心全意地顺服于祂。当神有所要求时，我们要实实在在、甘心乐意地为祂放弃一切。

因此你们看到，赞美的所有要素都与护理之工有关。但我将特别向你们展示，正如赞美的所有要素都与护理有关，一切促使和吸引灵魂去赞美的动机和论据也被发现与之有关。为此，思想神的护理是如何展现神的慈爱和良善，会激发我们去感恩。

神对祂百姓的良善和慈爱见于祂对他们的护理，这是赞美的根源所在。不是神的护理赐予我们的产业，即这样或那样的安慰，而是神在分赐这些东西时的良善和慈爱，吸引了一个蒙恩的灵魂去赞美。"因祢的慈爱比生命更好，我的嘴唇要颂赞祢。"（诗篇六十三3）赐予、牧养并保全我们的生命是神的护理之杰作，但以恩典和慈爱之道行这一切，要远远好于这些馈赠。如若不然，生命只不过是死荫的幽谷。仁爱和慈悲是一切恩惠的冠冕（诗篇一百零三4）。对一个圣洁的灵魂来说，这正是他盼望神在关乎他的每一个护理中所彰显的（诗篇十七7）。我们向神的赞美，不就是宣扬神在祂的护理中向我们显明的慈爱吗？（诗篇九十二1、2）

正如在神的护理中所彰显的神的慈爱是赞美的动机，由神的护理之手所分赐的、无偿且不配得的恩惠，也促使灵魂去赞美。这一思量感动了大卫的心，进入一个感恩赞美的状态,恰恰是思及经由神的护理施予其身的无偿且不配得的恩惠。"主耶和华啊,我是谁?我的家算什么,祢竟使我到这地步呢?"(撒母耳记下七18)即藉着神的护理将我从卑贱之境升至全然的尊荣,由跟从母羊,到牧养祂的百姓雅各(诗篇七十八70-71)。哦,这就是感恩之缘由(创世记三十二10)!

正如神的护理所赐恩典的无偿性促成赞美,以这样的方式赐予我们丰盛的恩典,更强烈促使灵魂去感恩。因此,大卫凭着神丰盛的慈爱来到祂面前,献上赞美(诗篇五7)。我们有诸多的恩典,且日日如此(诗篇六十八19)。哦,有朝一日将这些恩典摆列在一起时,将会是何等丰盛!

正如神的护理所分赐的恩典之丰盛性促使赞美,神的护理中所展现的祂慈爱的温柔,让灵魂有一种强烈的责任感去感恩。我们看见,神对于我们一切的需要、难处和重担有怎样细腻的顾念。"父亲怎样怜恤他的儿女,耶和华也怎样怜恤敬畏祂的人。"(诗篇一百零三13)如雅各书五章11节中,祂"满心"这个词所表明的。是的,神不仅有怜悯的心,且有温柔的心,像母亲对待吃奶的婴孩(以赛亚书四十九15)。如同触碰祂眼中的瞳人,祂能感受到我们的一切痛苦(撒迦利亚书二8),这都在神向祂百姓的护理中显明(诗篇一百一十一2-4)。哦,神的所有儿女之中，有谁不常在祂的护理中发现这一点呢？有谁看到它，却不满怀感激呢？这些皆是神的护理加在灵魂上的诸多慈绳爱索，促使它一生赞美。因此，圣徒的祷告充满了对这些记录的感恩。在祷告中欢畅地向神数算这些感恩，俯伏在祂脚前，因祂向可怜虫的仁慈屈尊而心怀圣洁的惊叹。

适切地观察神的护理，将使你们的灵魂与耶稣基督日益相亲。基督是恩典和怜悯的管道。透过祂，一切恩典之流从神倾向我们，而我们一切赞美的回应从我们流向神（哥林多前书三21-22）。万有都是属于我们的，毋需仰仗他人名号，只因我们是属神的。

神的护理中有各种各样的事，使主耶稣基督深受祂百姓的爱慕，这些是我们一切喜乐中最甜蜜、欢欣的部分。

神的护理所赐予我们的一切怜悯，都是由祂自己的宝血赎买的。不仅是属灵的和永恒的怜悯，乃至我们现世的怜悯，也都是由祂的宝血赎买而来。罪使一切丧失，因此基督藉着祂的死再一次在我们身上恢复这一切的恩惠。罪断绝了怜悯之源，若不是基督以死代赎，就绝无可能带来一个为我们存到永恒的恩典。神把万有和基督一同白白赐给我们（罗马书八32）：天国，以及把我们带向那里所需的一切，其中主要包括神的护理之引导和帮助。所以，凡我们从神的护理之手所领受的益处，我们必须把它归功于基督的宝血。

当我们领受之时，我们会说，这是宝血的代价。这一怜悯因着基督的受死而兴起，我虽白白获得，祂却代价甚重。拥有之时虽甜蜜，成就之时却贵重。目前，这是最令人爱慕的考量。是否基督受死这些恩典才得以长存？是否祂付出无价的宝血买赎我所拥有的这些安舒？哦，基督的爱是何等超越一切、无与伦比！你们知道，曾有父母倾尽所有积蓄为孩子购买产业，但是，何曾听说有人会为儿女流尽鲜血、付上生命的代价？若基督的生命对祂来说不是如此痛苦和悲伤，我们的生命对我们来说就不会如此甜蜜和舒适。我们因祂的贫穷成为富足（哥林多后书八9）。这些每日从神的护理生出的甜蜜恩惠是"祂劳苦的功效"（以赛亚书五十三11）。

神的护理所赐给我们的这一切恩典，是因着我们与基督的联合而成为圣洁的。透过我们与祂位格联合的善行，我们得以享受分别为圣的恩典和神的护理之祝福。这一切都是在那至大的怜悯，即基督之上，附加的恩惠（马太福音六33）。它们是同祂一起赐给我们的（罗马书八32）。我们正是藉着这身份保有它们（哥林多前书三21-23）。我们在亚当里所失去的，在基督里得着更好的恢复。堕落之后，那咒诅（创世记二17）即刻抓住亚当一切可怜的后裔，以及他们一切外在的和内在的安舒，到如今，他们仍然在这重压之下。神的护理为不属基督的人所做的，不过是喂养如此众多被咒诅的可怜的罪人，直到他们的判决被执行的日子。对他们当中许多人来说，这实为慷慨大方，使他们满足了地上的安慰。但在他们一切的享乐中，找不到一种分别为圣的特殊恩典。因着他们自己的败坏，以及缺乏与基督的联合，这些神的护理之恩赐只不过是对他们的愚弄、污损和毁灭。"愚顽人安逸，必害己命。"（箴言一32）然而人一旦在基督里，所有的护理都是圣洁和甜蜜的。"在洁净的人，凡物都洁净。"（提多书一15）"一个义人所有的虽少，强过许多恶人的富余。"（诗篇三十七16）现在基督成为元首，行使教化和治理，在万事上顾念祂肢体的益处（以弗所书一22）。

神引导并预定我们一切的安慰和恩惠。事实上，众天使受命于神的护理的国度。他们驱动轮子，对于这尘世的一切变革是至关重要的。但他们仍然从基督那里接受指导和命令，正如你们在那个绝妙的护理计划中所看到的（以西结书一25-26）。如此默想何等令人钟爱！凡对你们的任何益处起作用的受造物，都在你们的主耶稣基督给出的命令和指挥下行事。在此之外，他们无法对你们有任何染指。正是你们在天上的元首，关心你们在地上的平安和安慰，这都是祂对你们看顾的结果。同样在对恶的预防和约束上，是祂牢笼魔鬼和人的愤怒。祂将缰绳勒在祂自己手中（启示录二10）。正是基督在大马士革对祂可怜羊群的看顾，阻止了狂暴的敌人意欲毁灭他们的计谋（使徒行传九）。

你们所拥有的一切外在和内在的恩惠和安慰的延续，都是祂在天上为你代求的结果。神羔羊被献做赎罪祭，首先开启了怜悯之门。因此，在祂作为一只曾被杀的羔羊来到神面前时，那扇怜悯之门仍然保持敞开（启示录五 6；希伯来书九 24）。藉着祂的代祷，我们的平安和安慰得以延续（撒迦利亚书一 12、13）。若没有祂的代求，我们所犯的每一个罪都会终止我们所拥有的恩典。"若有人犯罪，在父那里我们有一位中保，就是那义者耶稣基督。祂为我们的罪作了挽回祭。"（约翰壹书二 1-2）这样就止住了所有的控告，并为新的罪带来新的赦免。所以说，"祂拯救到底"（希伯来书七 25），直到最终的完全。新的罪不会废除我们先前的赦免，也不会切断我们在基督里已确定的特权。

你们向天祷告和呼求，祈求挪去你们的痛苦或供应你们的需要，对这一切的回应和答复，都是透过耶稣基督为你们取得和实现的。祂是你们呼求之事的主，若不是神看重基督，无论你们的痛苦有多大，神绝不会顾及你们向祂的呼求，也不会以平安的答复回应你们（启示录八 3-4）。是基督的名让我们的祷告被接纳（约翰福音十五 16），因为父不能拒绝祂，所以你们的祷告没有被拒绝。在患难的日子，神是否屈尊垂听你们？祂是否以你们切身的经历，使你们确信你们的祷告在神面前带着能力并且奏效？哦，看看这一崇高且荣耀的特权，你们是多么亏欠你们亲爱的主耶稣基督！

恩典的盟约，是基督在神和你们之间立定，且使之生效的。你们一切得安慰的舒乐都包含在其中，并且透过这盟约被坚固、被洁净、被你们所悦纳。你们一切的恩惠都包含在这一盟约里，甚至是你们日用的饮食（诗篇一百一十一5），以及你们的称义和其他属灵的恩惠。是你们盟约的利益，为你们坚固了其自身所涵盖的一切。因此，它们被称作"应许大卫那可靠的恩典"（以赛亚书五十五3）。不仅如此，这也使其分别为圣，并赋之予特殊且奇异恩惠的本质。一个如此的恩惠，足以抵千个通常的恩惠。作为圣洁而特殊的恩惠，它们必须要远比所有其他的恩惠都更加甜美。由此，尽管大卫苦难缠身，却在他盟约的益处中欢欣（撒母耳记下二十三5）。但如今，这一切恩惠完全倚赖基督。新约是用祂的血所立的（哥林多前书十一25）。无论你们从这约中获得什么恩惠，你们当为之感谢主耶稣基督。综合以上所有概念，然后思想如此考量会怎样使你们的灵魂与基督更加亲近。

对神的护理的合宜观察，有一种奇妙的功效，使心柔软，在上主面前融化和降服。

当一颗圣洁的心思考其时常与神的交往，或将所蒙的怜悯与所犯的罪相比较，亦或将神的护理对待自己和他人的不同相比较时，怎能不感动流泪呢！

让一个人将自己置于深思熟虑，且详尽地思想神的护理对待他的方式，让他跟随神的护理的指引，正如在他一路所行的道上已有的引领。若他里面有任何仁慈温柔的本性，他将会遇见各样不同的诱因，将之激发并流露出来。

回过头来认真思想神在一开始是如何与你们同在的，远在你们幼年时发出的怜悯，甚至是神的护理的腹中所孕育的头生的怜悯。你们会说，还需进一步吗？这就够了，不仅触动，更是征服了我的心。"从今以后，你岂不向我呼叫说：我父啊，祢是我幼年的恩主。"（耶利米书三4）幼年何其关键！这是可塑的时期。而且，在通常情况下，根据那些主导性护理的航向，后续护理的确会控制它们的进程。伴随着那个时期的，是何等轻浮、鲁莽、无知和强烈的犯罪与毁灭的倾向啊！有多少人任凭自己的私欲摆布，陷入那些罪恶和痛苦之中，到临终之日都无法脱离！这如同首次调配时的差错，极少能在之后被挽回。当你们还只是一个孩子的时候，神是否用祂的护理引导你们？而后，祂是否保守你们免于那些摧毁花朵并扼杀萌芽，以致以后也没指望结出好果子的蠢举和恶行？祂是否让你们进入这样的家庭，或处于这样的同伴和熟人中，陶冶并塑造你们的灵进入一个更好的性情？祂是否接着引领你们进入那样的职业生涯，使你们在其中收获了自此跟随着你们的,如此巨大的一系列幸福成果?从今以后,你们岂能不说:"我父啊,祢是我幼年的恩主"?

让我们把思想带入之后的那些护理,并思索我们人生的一些更迭和变动是如何为我们预定的。我们从未预见或筹算的,但比我们所能设想的更好的一些事,已然自始至终为我们安排就绪。人的道路不由自己。神的意念非同我们的意念,祂的道路也非同我们的道路(以赛亚书五十五 8)。读者,在你们生命里最显著的恩典中,有多少对你们来说仅是意外!你们自己的计划已被推开,让位于神的护理为你们所设计的更美之事。

而且,你们只需观察神的护理的春秋更替,以及怎样循序与你们枯荣与共,你们便会发现自己因意识到神的智慧和良善而被深深感动。当必要之时,有这样一个朋友被激发来帮助你们,有这样一个地方敞开来迎接你们,有这样一段关系兴起或延续来更新你们。不久神的护理将它们中的一些从你们身边挪去,不过是要么因为你们不再需要它们,要么有另一条路已为你们开启。哦,深哉!神的智慧和良善!哦,神对祂百姓的温柔无与伦比!比较神的护理对待你们和对待他人的方式,是的,与你们生于同一时代的其他人,可能是来自于同一个家庭并生于同样的父母,也可能是来自这世上比你们的家庭更大、更兴盛的家庭。在许多重大的事情上,看看在你们和他们之间形成的差异。我认识一位基督徒，他自己的兄弟在阔别多年后来拜访他。他一见到他的兄弟，就如同约瑟见到便雅悯，情不自禁地与他交颈相拥、喜极而泣。但是，相聚数小时后，他发现他兄弟的心灵不仅疏远一切高尚和庄重之事，而且非常虚荣和粗俗。于是这位基督徒冲进自己的房间，关上房门，俯伏在神的脚前，泪流心恸地赞美神那清晰可辨的恩典，说"以扫不是雅各的哥哥吗？"（玛拉基书一2）哦，恩典，恩典，难以置信的恩典！

比较神的护理对于你们的态度，以及你们自己对待上主的行为，你们的心一定会为之感动，发现罪在哪里显多，恩典就更显多了（罗马书五20）。你们曾经住在什么样的地方，在那里你们不记得曾大大地触怒神，却仍然蒙受了丰盛的怜悯。哦，在多少次"尽管如此"和"仍然"中，耶和华在各处施恩与你们！关系没有被罪离间，仍然为了安慰你们的缘故，被神的护理兴起并得以延续！神在每一处都留下了祂美善的印记，而你们存留的是你们犯罪的记忆。让你们自己去认真思想这些事情吧，若你们的心没有因这些相关记忆而被感动，那就太不可思议了。

抑或是最后，比较你们的困境和恐惧，并把两者与神的护理为你们开启的奇妙的出路和逃生之门相比较，这会令你们因充分觉察到神的看顾和慈爱而被大大感动。乌云曾明显地笼罩着你们，审判甚至伏在你们门前，有时威胁到你们的生命，有时威胁到你们的自由，有时威胁到你们的财产，有时威胁到那些与你们的生命密不可分的至亲。那一天你们要铭记，怎样的灵里衰败抓住了你们，怎样的有罪控告在你们内心搅起了恐惧。在那样的痛苦中你们转向了神，祂岂没有为你们开通逃离之路，救你们脱离一切的恐惧吗（诗篇三十四4）？

哦，你们的生活是否如此事务纷集、混乱仓促，以至于没有时间作为基督徒独自坐下来静思这些事情，并将神在祂护理中的这些奇妙彰显深刻于心？诚然，若能将这些事情存于我们心上，白日与我们的思想倾谈，夜间与我们同宿，甚至它们的每一个章节段落，都会进入我们的内心深处。

对神的护理的适宜观察，会在这个动荡虚幻的世界上，在沧桑无定和剧烈变革的事务中，生发并护卫你们心灵的内在宁静。"我必安然躺下睡觉，因为独有祢耶和华使我安然居住"（诗篇四8）。他下定决心不让当下事件的罪恶恐惧感剥夺他内心的安宁，也不让焦虑的预感折磨他的思绪。他将把自己一切的忧虑，都托付给那位信实的、迄今为他成就一切的天父手中。他不想失去一宿睡眠的安舒，也不想把明日的不幸带入今天，因深知他在谁的手中，就明智地享受降服的意志所带来的甜蜜幸福。

既然我们心灵的这种宁静，是通过对神的护理的尽职察考所产生和存续的，如同通过无论任何事物一样。因此当我们的主耶稣基督在治愈门徒关于生计的焦虑和忧思时，吩咐他们思想神的护理对空中的飞鸟和野地里的百合花的看顾，它是如何养活这个，装饰那个，使他们一无挂虑。让他们好好思索这些护理，并说服他们因着这些思考，使自己进入灵里从容而甘甜的镇定中。（马太福音六 27-34）。

有两件事破坏了我们生命里的平静和安宁，我们对过往失意的哀叹，或是对未来挫折的恐惧。但是，当我们一旦了解，预知和预备是神的特权，并且注意到神的护理经常挫败那些自以为是的人，以为凭着他们的揣度，将会达至他们手中的好事，却被拦阻或消散。他们自认为笃定远离的不幸，必侵害他们。我说，若我们思想神的护理如何每日挫败人的这种虚夸，确立它自己的主权，这将极大地有助于我们生活的安宁。

这是一个伟大的真理，就是逆境并非像看起来那么令人畏惧，若换个角度来看，会变得友善。如今在事情悬而未决时，在对神的护理的考量中的几件事情，会自然而亲切地使一个基督徒的心灵平静下来，并带领其进入甜蜜的安息。

首先，神的护理的至高无上，及它在运作中不受辖制的力量。这常见于它赐下的益处，不仅藉着超越我们所思所想的方式，也过于我们劳碌所得的。雅各说："我想不到得见你的面，不料，神又使我得见你的儿子。"（创世记四十八11）护理之工常常以出人意料的方式，促使巧合发生，而这无论是从可见因素的表面征兆，或是其最离奇的可能性上，都无法预知，但显然与我们的事务目前的计划和状态背道而驰。没有什么比这更有助于让我们确信，我们的焦虑和恐惧实在是徒劳和愚昧的。

其次，在为神百姓所行的一切事上，神的护理所具有的深远智慧。"四个轮辋周围满有眼睛"（以西结书一18），就是说，有一个聪明智慧的圣灵坐在其上，管理着这世上的事务。这智慧在出人意料的，没错，甚至是迥然相反的事件中光照我们。我们常常追求吸引我们感官的美丽皮囊，恐惧地躲避带有可怕面孔的其他事物。尽管神的护理的结果已经使我们确信，我们的危险伏于我们所孜孜以求的，我们的好处隐于我们所刻意拒绝的！这也是一个可以给基督徒的心灵带来平静与安宁的甜蜜原则，即他知道他的益处恰恰可能隐藏在看似威胁要毁灭他的事上。以色列人在旷野经历了许多痛苦和艰难，但这都是要苦练他们，使他们终久享福（申命记八16）。那护理的面庞忧伤凄凉，打发他们远离故土，进入迦勒底人之地，然而甚至这也是为"使他们得好处"的筹划（耶利米书二十四5）。我们多少次因经历了这真理而收回我们对事情的妄加指责，并被教导奉主的名为我们的苦难和失望感恩！许多时候，我们会在解脱时亲吻那些我们曾战兢着遭遇的苦难。在疑惑性的护理中，还有什么能比这更有效地带来平安呢？

我们一生中所经历到的神的护理之信实和恒久，在临到我们的任何困苦中，将会卓有成效地宽慰和平静我们的心。"到如今耶和华都帮助我们。"（撒母耳记上七12）迄今为止，我们从未发现，在祂里面我们有任何缺乏。这并非是我们第一次陷入困境，也并非第一次心灰意冷。无疑，过去现在祂是同一位神。祂的臂膀并未缩短，祂的信实并未断绝。哦，回顾先前所经历的何等极端的绝境，教会了你们不至绝望！

基督徒会根据神的护理先前对待他们的方式，对于它临到他们的作为所做出的推测，是一种极大的安抚和慰藉。基督徒通常会比较不同的时期，并猜测某项护理的结果与其他的有何不同。圣徒知道神的护理通常会循着怎样的方向，并因此极有可能基于先前类似情形中所观察到的，推断出他们该期待什么。基督徒，检视你们自己的内心及以往的观察，你们会发现（如诗篇八十九30-32），当你们的心暗自离弃神，并变得虚妄、散漫、体贴肉体时，或是你们的脚步衰微，转去犯罪时，神通常会预备一些痛苦的刑杖来归正你们。然后，当那些杖被分别为圣，降卑、制服和净化你们的心后，通常，你们就能观察到那些令人忧伤的护理即将转变。接着，上主改变了祂对你们护理的声音："你去向北方宣告说，耶和华说：背道的以色列啊，回来吧！我必不怒目看你们，因为我是慈爱的，我必不永远存怒。这是耶和华说的。只要承认你的罪孽"（耶利米书三 12-13）。

因此，若我发现刑杖给我带来了有福的果效，它做成了它的工，破碎了顽梗的心，拆毁了骄傲的心，唤醒了昏睡的心，鼓舞了怠惰、懒散、懈慢的心。现在我会大概率猜测，神的护理更为安慰的一面很快便会出现，更新和复兴的时刻即将到来。

当事态最为绝望时，基督徒通常通过逐个比较神的护理，来说服自己重振盼望。

当我们将神对无生命和无理性受造物的护理，与祂对我们的护理相比较时，便进入一种异常镇静、心无旁骛的默想状态。祂岂不是看顾那些空中无人供应的飞鸟，就如同是我们每日在门前喂养的禽类吗？祂岂不也给野地里的草装饰，倾听小乌鸦求食的啼叫声吗？岂能设想祂会忘记祂自己的百姓呢，他们不比这些贵重得多吗（马太福音六 26、30）？

或者，若我们对照神的护理向神的仇敌所展现的慷慨和看顾，它是如何喂养、遮蔽和保守他们，甚至是在他们仗着神对自己的怜悯而敌对挑战祂时。这一定会让我们沉静知足。诚然，对那些神定意所爱，为他们赐下祂的爱子，并为他们预备天堂的那些祂的百姓来说，神不会让他们缺乏。

最后，当我们思想在我们自己尚处于本性状态且与神为敌时，上主在祂的护理之路中为我们所做的，这一定会使我们平静下来。当我们不认识祂的时候，祂岂没有看顾我们吗？当我们在祂一切的怜悯中不承认祂时，祂岂没有供应我们吗？当我们与基督或任何一个应许无份时，祂岂没有赐给我们千万的恩惠吗？我们既已与祂和好，成为祂的儿女，祂现在岂会为我们成就更少吗？

诚然如此，这些思量会让灵魂充满平安，并在最令人不安的护理中，保守灵魂的宁静。

合宜地观察神在祂的护理中对待我们的方式，对于改进和提升我们内心和生活的敬虔是大有能力和功效的。

神的圣洁在祂的一切护理之工中向我们彰显。"耶和华在祂一切所行的，无不公义；在祂一切所作的都有慈爱。"（诗篇一百四十五17）护理所使用的器皿可能非常罪污和邪恶，他们可能出于卑鄙的目的，并利用恶劣的手段企图得逞。但可以肯定的是，神的意图是最清洁的，祂一切的作为也是如此。虽然祂许可、限制、命令和推翻许多不敬虔的人和行为，但祂一切的所行如祂所是。就像粪堆散发的有害气体无法污损和弄脏阳光一样，祂的圣洁也不会被他们的污秽所玷污。"祂是磐石，祂的作为完全，祂所行的无不公平，是诚实无伪的神，又公义，又正直。"（申命记三十二4）因此，神在祂的一切护理中，为我们设立圣洁的完美样式，好叫我们在一切的道上成为圣洁，如同我们的天父在祂一切的道上。但这不是全部。

若充分地顺从神的护理，会拦阻我们犯罪的道路，以促进圣洁。哦，若人们但凡留意在预防性护理中神的意图，将会何等有益于保持他们道路的正直和圣洁啊！事实上，为什么神经常用荆棘堵塞我们的道（何西阿书二6），不就是为了使我们不至犯罪吗？为什么拦阻我们，不就是防止我们偏离祂而误入歧途吗？"又恐怕我因所得的启示甚大，就过于自高，所以有一根刺加在我肉体上，就是撒但的差役，要攻击我，免得我过于自高。"（哥林多后书十二7）哦，关注神的这些作为，并查究它们的意义大有好处。有时，神的护理毁坏一个有望改善我们境况的兴旺计划，并挫败了我们所有的劳苦和筹算。为何如此，不就是为了隐藏人的骄傲吗？若你们在世亨通，那亨通可能变为你们的网罗，使你们成为一个骄傲、属血气、虚妄的人。主耶稣看到这一点，因此断了你们败坏的给养和动能。或许你们体弱多病，抱恙劳作，神的智慧和对你们灵魂的看顾就在此显明了。因为若你们不是这样处处受阻，你们会犯更多罪的可能性是何其之大啊！你们的贫穷不过是阻塞了你们的骄傲，责备拦挡了你们的野心，缺乏预防了放荡，身体的疾病有助于防止诸多良心内在的纠结和在罪恶感之下的呻吟。

可以观察到，神的护理有益于我们的圣洁，它不仅预防罪，以免我们陷入其中，甚至当我们陷在罪里时，也洗净我们的罪。"所以，雅各的罪孽得赦免，他的罪过得除掉的果效，全在乎此。"（以赛亚书二十七9）它们与火与水有着同样的功效，是为了净化和清洁（但以理书十一33~35）。这并非说它们能凭自己的良善和能力将我们从罪中洗净，因为若是如此，那么那些受苦最多的人得到的恩典也最多。而是由于基督宝血的功效和神的赐福加于苦难性的护理之上，才使我们从罪中得洁净。没有基督的空十架，对任何人都无益处。如今，在神为罪所施行的苦难性护理中，有许多方面都是为了洁净罪恶。

神的护理之责罚显明了神对我们的不悦。神在那些护理中向我们蹙眉。我们的天父动怒，这些就是记号，没有什么比这更能触动蒙恩的心。父亲发怒时，孩子岂不胆战心惊吗？哦，比起苦难对我们肉体所造成的一切痛苦和凄楚，这对于我们的灵魂来说更为苦楚。"耶和华啊，求祢不要在怒中责备我，不要在烈怒中惩罚我。因为祢的箭射入我身，祢的手压住我。因祢的恼怒，我的肉无一完全；因我的罪过，我的骨头也不安宁。"（诗篇三十八1-3）

对罪的这些责罚，使罪的恶更昭然若揭。我们从这些神的护理在这样的时刻摆在我们面前的苦杯中，比之前更清楚地看到罪的邪恶。"你自己的恶必惩治你，你背道的事必责备你。由此可知可见，你离弃耶和华你的神，不存敬畏我的心，乃为恶事、为苦事。这是主万军之耶和华说的。"（耶利米书二 19）哦，在神对罪的斥责之下，我们在其中所尝的苦胆和茵陈！

神的护理摧毁和挫败神百姓的一切罪恶的筹划。无论其他任何人在当中兴旺，神的百姓却不然（以赛亚书三十 1-5）。这也使他们确信对罪的愚昧，使他们持守诚实和正直的道路。

在未来的日子里训戒和警告灵魂抵挡罪，就能提升灵魂的圣洁。"我受了责罚，不再犯罪。"（约伯记三十四 31）哦，这些可喜的护理，虽然刺痛，但会使灵魂永远惧怕罪！的确，这样的杖是美善的恩赐，这使神成就了祂的旨意。若我们依着神的意思忧愁，在患难的日子，就会生出细心。"你看，你们依着神的意思忧愁，从此就生出何等的殷勤。"（哥林多后书七 11）哦，如果一个人曾在炼净的杖下，看明了罪的恶，并因此诚恳地降卑。若有试探企图再次诱惑他陷入同样的罪恶中，哎，他会思忖，付上了如此昂贵的代价去赎买悔恨，我是何等愚蠢啊？难道我的痛苦还不够吗？你倒不如问我，在已经被灼伤过之后，我是否还会再一次跳进火里。

总之，护理通过吸引灵魂进入神的同在，并使它有机会和理由更多地与神相交，从而极大地提升和促进灵魂的圣洁。安慰性的护理会如此行，它们会让一个人的心融化，专爱赐他怜悯的神。他心肠会无比疼痛，直到他找到倾心吐意之地来感谢神，方能平静（撒母耳记下七18）。苦难性的护理会驱使我们俯伏在神的脚前，并使我们在那里审判和谴责自己。所有这一切对于除灭罪和促进灵里的圣洁是大有神益的。

最后，在临终前对神的护理的思考和查究，对我们有独特的效用。我们这特别的财富，会使我们的离世对我们而言变得格外甜蜜，并在最后的体验中极大地有助于我们的信心。你们发现雅各在临终之际，他是如何回顾他所经历的，神在他生命里的各样护理中与他的交往（创世记四十八3、7、15、16）。类似的例子，你们发现约书亚在行将就木时，记录神的护理，这是他临终讲论的主题（约书亚记二十四章）。我不得不认为这对于任何一位基督徒的生命来说，是一个美好的闭幕。当我们的生命走到尽头时，描述从我们生命伊始直到那一天，神对我们的看顾和慈爱的若干非凡的章节，数算与我们一路随行的那些恩典，这一定会令临终的病榻变得甘甜。哦，基督徒，请铭记在这样的时刻如此行的这些实例，以便你们离世时，为神在你们一生之中所行的"一切慈爱和诚实"赞美祂。若你们思考以下几点，对这些事的默想在那日一定会大有用处。

临终的年日，往往是灵魂受到撒旦攻击最猛烈之时，这攻击伴以可怕的试探和邪恶的建议。我们或许会论及关于自然界中毒蛇的比喻，"牠从不施展牠极端的狂暴弥漫最终的交锋"。那么牠的绝妙计划是说服圣徒相信神不爱他们，既不关心也不重视他们以及他们的呼求。虽然他们祈求医治，呼求宽恕的怜悯，却不见到来。牠对待圣徒像对待其他人一样粗暴和严厉。是的，许多最卑劣最放荡的无耻之徒忍受的折磨更少，被更温柔以待。"他们死的时候没有疼痛。"（诗篇七十三 4）然而，你们进入坟墓之前，却在这条漫长的道路上屡患疾病，多次命悬一线！

但是，撒旦如此巧言令色的谎言能从一位基督徒那里获得什么信任呢？他毕生珍视神温柔关切他的需要和祷告的回忆，并仔细记录对他祷告的清晰回应，以及神从始至终向他恩慈的俯就。在这种情况下，他的信心在成千上万个经历的支持和鼓励下，得到了有力的支撑，便不会让灵魂轻易地放弃他时常感知和体会的真理。他说，我确信，自从我归向牠，神用慈父般的温柔看顾我。在先前一切难处中，牠从未撇下我。我不信牠现在会如此。我知道牠的爱如牠自己，亘古不变。"牠既然爱世间属自己的人，就爱他们到底。"（约翰福音十三 1）"因为这神永永远远为我们的神，牠必作我们引路的，直到死时。"（诗篇四十八 14）牠在幼年时爱我，在老年时会抛弃我吗？大卫说，"神啊，自我年幼时，祢就教训我，直到如今，我传扬祢奇妙的作为。神啊，我到年老发白的时候，求祢不要离弃我。"（诗篇七十一 17、18）

临终时刻，是圣徒的信心终极之作以及最杰出的作品之一。当他们启航朝向那广袤的永恒，进入那将在瞬间给我们带来美妙改变的新状态时，他们更是将自己交在神的手中。这件事上，基督为我们设立了榜样："'父啊，我将我的灵魂交在祢手里！'说了这话，气就断了"（路加福音二十三 46）。司提反在临死之时也是如此，"求主耶稣接收我的灵魂"（使徒行传七 59），就立刻睡了。

信心有两次显著和非凡的行动，两个都非常困难，即它的首次和末次的行动。信心首次在基督里成就自己是极大的冒险，末次同样如此。因着对一个应许的相信，将自己投入永恒的海洋。但我知道，灵魂归向基督的第一次冒险，比归入死亡的最后一次冒险要困难得多。之所以如此，在很大程度上是因为，灵魂从归入基督的那一天起，从某种意义上说，也就是它的婚嫁之日，直到它临终，一直在汇集它所记录的经验。哦，一个灵魂将多么备受鼓舞地投入神的怀抱，就是那位在这世上与他交谈和同行如此之久的神！祂时常眷顾，满有甘甜。灵魂在此世与神有如此亲密的相交，它先前曾将一切的事托付给祂，并始终发现祂是信实的神。现在更毫无理由怀疑，在这最后的痛苦和急难中，同样会看到祂依然如此。

临终时，神的百姓从神的护理之手中得到他们在这个世上所能拥有的最后的怜悯，并且他们要即刻向神总结曾经从祂手中所得到的一切恩惠。因此，对于一个临终之人来说，有什么事情比亲自讲述一生所得的怜悯，立即向神数算并汇总他一生所得到的各样恩惠，更为适宜的呢？若没有尽责和认真的相关观察和记录，这将如何实现？我知道有成千上万的恩惠被最卓越的基督徒遗忘了，黄铜般牢靠的记忆无法存住它们。我也知道，耶稣基督必须为我们交账，否则永远也无法得到神的认可。然而，我们有责任记录我们自己的恩惠，以及它们是如何为我们所用的。因为我们是管家，要将我们所经管的交代明白。

临终时，我们也欠世人一个交代。若有机会，我们有义务把我们在这个世界上对神的领悟和发现，告诉那些还活着的人，这样可以为世人留下为神所做的见证，并为祂的道路带来美名。因而，当约瑟前来向奄奄一息的雅各做在这世上最终的告别时，雅各勉强在床上坐起来，向他讲述了神向他非凡的显现及那个地方（创世记四十八 2、3），同时也讲述了他的苦难（7 节）。同样，约书亚在他最后一次对百姓的演讲中，通过向他们讲述神的护理在他那个时代是如何同样精确地应验，来证明和展现那些应许的真实。"我现在要走世人必走的路。你们是一心一意地知道，耶和华你们神所应许赐福与你们的话没有一句落空，都应验在你们身上了。"（约书亚记二十三 14）

当然，理解垂死之人的判断，倾听他们的经历，这对世人来说是极其重要的。在所有人中，他们被认为是最睿智、最真诚的。此外，这是我们在这个世界上所能拥有的为神发声的最后机会。哦，那么，以荣耀赞美神的道路来结束我们的生命，将是何等美善之事啊！在离世之际，称颂祂在这世上为我们所行的一切慈爱和诚实！这将何等地鼓励软弱的基督徒，并使这个无神论的世界确信，神的道路和神的百姓的真实与卓越是实实在在的！

临终之际，我们开始了天使般赞美和感恩的生活。随后，我们将进入那份恒久甜蜜的工作。我毫不怀疑，在这世上与我们有关的那些护理，将汇入我们在天上将要唱的那首歌，所以我们还在这里时，当然要为此调整好我们的心灵和口舌，尤其是当我们准备好进入那个蒙福的状态时。哦，因此你们当每日默想和察考，从祂的道路之始至今，神对你们意味着什么，并为你们成就了什么。

并且因此，我带给你们一些鼓励，来参与这有福的工作。哦，盼望你们被说服，接受这一快乐且在各方面皆有益处的操练。我因此大胆推定，无论是谁，若怀着一颗细致而感恩的心，来记录和珍藏神施予他慈爱的每日经历，那么直到他临终之日，他必永不缺少新的恩典来记录。有人说克劳狄安（Claudian）缺乏与他至臻能力相匹配的作品，但能胜任这一使命的头脑和心灵在哪里呢？"谁能传说耶和华的大能？谁能表明祂一切的美德？"（诗篇一百零六2）

第三部分
神的护理之教义的应用

第十一章
给圣徒的实践性指导

倘若正如我们所理解的，神为你们成全诸事，在这世上临到你们的一切都源自神，无论是以成功和安慰的形式，或是以困苦和磨难的形式。哦，你们有责任通过观察来认识祂的作为和安排。当神向你们赐下安慰，你们若没有在其中留意祂的作为，便是你们的大罪了。以色列人因此受责罚："她不知道是我给她五谷、新酒和油，又加增她的金银"（何西阿书二8）。也就是说，她并没有在这些恩惠中真诚用心地体会神加于她的看顾和对于她的良善。论到苦难亦是如此，当神的手高举时，视而不见便是严重的恶行（以赛亚书二十六11）。"牛认识主人，驴认识主人的槽"（以赛亚书一3），最为迟钝和愚拙的受造物也认识它们的恩主。哦，在一切事务中留意神的作为，要知道无论是你们的安慰或磨难，都并非兴起于尘土，或涌出自干地。

若是神为你们成全诸事，祂对祂百姓的屈尊俯就和覆蔽看顾是何等伟大啊！"人算什么，祢竟看他为大，将他放在心上？每早鉴察他，时刻试验他。"(约伯记七17、18) 神是如此温情地看顾你们，从不将祂的眼目从你们身上撤回（约伯记三十六7）。祂亲自昼夜看守和护庇，免得你们受损害（以赛亚书二十七3）。祂的眼目和帮助若是离开你们片刻，你们就必顷刻见毁坏。万千的邪恶若是捕捉到任何机会，便会极速倾覆在你们身上，将你们和所有的安慰摧毁。对神而言，你们异常宝贵。因此，"众圣徒都在祂手中"（申命记三十三3），祂也绝不会把你们交托于任何人的手中。

若是神为你们成全诸事，你们便应当明白自己有何等的义务，为神履行一切的职责和服事。这是一个义人的盼望，"哦，愿我能对神如我手事已那般"，即有用且合用的器具。神要为你们成全诸事，你们却对神完全无以为报吗？神的护理每时每刻都在为你们运行，你们却懒散懈怠吗？神为你们所做的一切出于什么目的？一切的目标和安排，难道不是为了让你们成为多结果子之人吗？若是神藉着护理之工对你们栽

第十一章 给圣徒的实践性指导 233

种、护佑、浇灌，祂当然期望你们能结出果实（以赛亚书五 1-4）。哦，作为对神的护理带来的诸般益处的回报，你们应该效仿以利沙。他心怀感恩地对书念妇人说话，我们也如此对神说："你既为我们费了许多心思，可以为你作什么呢？"（列王纪下四 13）还应和大卫一同说："我拿什么报答耶和华向我所赐的一切厚恩？"（诗篇一百一十六 12）神总是以善待你们，使你们总是在祂的工作里大享丰富。当你们陷入极端的痛苦和危难时，祂的护理之工与你们相伴。因此，当神的事务以及你们的本份被困难所环绕时，不要在祂面前退缩。哦，对神要积极主动，因祂是一位时刻主动顾念你们的神。

神是否为祂的百姓成全诸事呢？那么，当新的或巨大的患难出现时，不要失去对祂的信任。在神已经为你们做了这么多之后，为什么你们会认为祂将不再继续？"耶和华的膀臂并非缩短，不能拯救，耳朵并非发沉，不能听见"（以赛亚书五十九 1）；若是有什么事可以阻碍祂的怜悯，那便是你们的不义、猜疑、以及不忠。"你们需要多久才能信靠祂？" 你们无数次经历过试炼，以及神在其中的温柔看顾、诚信真实和恩慈仁爱。若这些经历可以治愈你们内里的不信，那么它们就近在眼前。在这些挫折中，神赐下不期而遇的怜悯，并借此频繁挑战你们的不信、治愈你们的不信之疾。回顾过去，你们便能见证上述的恩典。当然，迫于从神的护理而来的愧疚和悔悟，你们会时常收回对祂的看顾的鲁莽非议，然而你们是否会再次陷入同样的不信状态中呢？哦，一旦你们明白了这一伟大的真理，即任何人只要不缺乏信靠和安静等候神的心，就永远不会缺乏那样的怜悯。你们对神的寻求从来都不是徒然的，除了在你们妄求的时候。

神是否为你们成全诸事呢？那么，凡事要在祷告中寻求神，并且永远不要尝试没有祂同在的任何筹划。

当然，若不是神为你们成就，你们永远也无法拥有任何你们所渴望的和劬劳以求的。尽管祂已经定意要向你们施行这般或那般的恩惠，然而对于这些你们会向祂求问的事情，祂也有可能为你们成就（以西结书三十六37)。无论我们藉着祷告求神介入的事成就了，享受了或是挪去了，我视那事如已然成就了，那恩惠如已然得到了，那祸患如已然结束了。若我们企图凭藉这样或那样的手段，尝试以不同的方式来实现我们自己的目的，却始终忘记了神以及所有的工具和方法都全然倚赖于祂的喜悦这一事实，那便是我们的愚昧了。凡事若不是始于祷告，便极少终于安舒。"行路的人也不能定自己的脚步。"（耶利米书十23）假如是这样，那么祈祷便被看为是徒劳了。哦，愿那位成就万事者在一切事上得着认定和称谢。

若是神为我们成全诸事，那么我们一切事务中的重大利益和关切，就应是学习讨祂的喜悦，我们在一切的事上都依赖于祂。

克里索斯托（Chrysostom）通过庄重而缜密的观察，认为没有任何事比激起神的不满让一个基督徒更加悲伤和苦涩。若能避免那么做，就没有任何痛苦和困难可以击倒一个如此审慎的灵魂。正如火花在海中被轻易地扑灭，神的恩惠也将除去那些困苦。他说，有如此灵魂的人，如在天堂。我们认为诸天因乌云密布而光彩受损，太阳因阴影遮蔽而黯然失色，但并没有这样的事。当它们看似陷入困境时，它们并未蒙难。当我们与神之间和谐无碍时，万事皆宜且必吉。圣徒的极大安慰即有赖于此，所有关乎他们的事，都在他们天父的手中。路德（Luther）说："基督若非教会的元首，我便已全然绝望"。当成就诸事的那位是我们的神，尤其是以我们的兴旺为乐，喜悦于善待我们的神，将在这尘世巨大的混乱和险恶之中，提供何等充足的安全感！当有人告诉博罗梅乌斯（Borromeus）有些人要等候谋害他性命时，他的回答是："怎样！神难道徒然于世吗？"还有同样被广为传颂的是西伦提阿尼斯（Silentiarius）在类似场景下做出的回答："若是神不眷顾我，我如何生活？如何存续到如今？"尽管，这对很多人而言像是浪漫传奇。然而，我们要么放弃圣经，要么确信：可以让一个人时运通达，并且把握命运的绝对可靠的原则就在这本圣经里。在其中，人可以知晓

Sapiens dominabitur astris（通达真理的人将会掌管命运）

quomodo unusquisque faber potest esse fortunae suae（可以让任何人塑造自身命运的方法）。

义人甚至可以成为自身的雕琢者。哦，我们应当按着圣经中那些珍贵的原则，那些智慧的神圣格言来把握我们的航向！除罪以外，别无畏惧。要在学习如何讨神喜悦上超过万事。不可在任何试探中离开你们的诚信正直。行在你们的责任中时，要信靠神。这些都是在今生所有的盛衰荣枯中，保守你们和自身益处的真确原则。

第十二章
关乎神的护理的实际问题

基督徒应该如何在隐秘和难以预测的护理之工中明白神的心意和自己的责任呢？

要回答这个问题，我们必须思考神的旨意到底意味着什么，那些难以预测的护理是如何使人了解神的旨意变得困难，以及在如此难解和令人困惑的护理中查明神对我们的心意，应该遵循哪些原则。

论及神的旨意，可以从神隐秘的旨意和显明的旨意两个层面来考量。两者的区别可以在圣经中发现："隐秘的事是属耶和华我们神的；惟有明显的事是永远属我们和我们子孙的"（申命记二十九29）。前者是祂自身行动的规则，后者是属我们的，并且也正是在我们的探寻中所涉及的。

神显明的旨意藉着祂的话语或祂的作为向我们彰显。前者是神诫命性的旨意，后者是果效性或许可性的旨意，一个关乎益处，另一个和不幸相关。神就是藉着这些方式向人们展现祂的旨意，虽然两者变化繁多且迥然相异，但都涉及启示的内容、启示的对象以及启示的清晰程度。

就启示的内容而言，其中有着巨大的差异。信仰里的很多重大的和必要的职责，在神话语中以最为清晰的表达和证据向我们显明，人们对这些不会有疑虑。但是某些较次要性质的以及影响较小的事情，便更为含糊难解。就神启示祂旨意的对象而言，同样是参差各异。有些人是刚强的，有些人则是婴孩（哥林多前书三 1）。有些人感知敏锐，另一些人理解力弱且反应迟钝。我们知道，对事物的理解程度依赖于接受对象的能力和所接受的程度。因此，有些人很清晰前面的道路，他知道应该做什么。另一些人总会不知所措，对应该做什么犹豫不决，飘忽难定。

神向人显明祂旨意的方式亦是极丰富多样的。一些人领受启示的方式具有独特性、个人性和特殊性。例如，撒母耳对于膏立为王的对象的选择（撒母耳记上九 15、16）。你们从大卫向神的求问中，可以发现他也曾有类似的经历，（可能是通过乌陵和土明），神指示大卫他对于那场征战的责任是什么，以及事情将会怎样（撒母耳记上二十三 2、4、9～12）。

第十二章 关乎神的护理的实际问题

但如今，所有人都被约束于圣经的普遍性不变的原则之内，并且切不可期待从神得到任何这种超常的启示。今天，我们来知晓神在艰难的处境中关乎我们的旨意的方式是通过查考和研读圣经，在其中我们无法找到某一具体的规条，在这样或那样的特定情况中来引导我们，我们当做的是应用那些普遍性的原则，并按照它们之间所产生的类比和协调来指导我们自己。

在某些令人费解的情景中，我们时常纠缠于自己的意念中，对于应该做什么不知所措。我们和大卫一同祈求神使祂的道路在我们面前正直(诗篇五8)。我们害怕惹动神的不悦，担心自己可能会这样做，不知应以何种方式来应对才好。这不仅是源自所遇情景中难以胜过的困难，更是出于我们自己的无知和粗心。在那些我们所面对的护理之中，神似乎总是没有直接表达祂的心意，这般还是那般，是否能安然地通过那些来自神的护理的提示来做出选择，对于我们而言是很难拿捏的。

神确实藉着祂的护理赐给人们关乎祂心意的隐秘的线索和提示，这是毋庸置疑的。然而护理之工本身并不是职责的主要规则，也不是神心意的充分显现。对此，我们可能会说："只是我往前行，祂不在那里；往后退，也不能见祂。祂在左边行事，我却不能看见；在右边隐藏，我也不能见祂。"(约伯记二十三8、9)

如果认可神的护理自身足以成为知晓神对我们的

旨意的方式，那么我们将常常不得不对同一件事或同一个人加以辩护和谴责，因为凡临到众人的事都是一样，临到义人的事，恶人也同样遭遇（传道书九2）。此外，如果神的护理独自成为判断任何行动或想法的标准，罪恶之事若是得以顺利进行，便不再是罪恶。但是无论行动和结局如何，罪终究是罪，责任终究是责任。

　　故在此情形下，对待护理之工最为稳妥的方式是，按照其应符合圣经的命令和应许为前提来考虑，而不是以孤立、分割的方式来对待。若是你们以客观、无偏见的态度来查考圣经，在不确定的情况下，祷求上主的训诲和带领，倾听良知的指引。当你们做到这一切时，你们将会发现神的护理与你们良知的节操，以及你们能在神的圣言中所寻到的最佳亮光完全一致。在这样的情况下，可以将神的护理作为你们践行职责过程中的鼓励。但即使是最显著的神的护理的实证，也不可以此来挑战任一圣经的原则。神的护理的任何笑容和成就，都不可能在此情形下鼓励我们继续。另一方面，在我们履行职责的过程中，无论遇到多少次神的护理的皱眉和挫败，都不应使我们丧气。虔诚的约伯无法在神的工作中明白祂的旨意，但他绝不背弃祂嘴唇的命令（约伯记二十三12）。尽管有许多绊脚石被神的护理允许放置在大卫的道路上，你们可以看到他在坚守使命、持守神话语上有着同样的决心。他说："我好像烟熏的皮袋"，不仅前景暗淡，且因患难而枯干衰弱，"却不忘记祢的律例"（诗篇一百一十九83），并且"他们几乎把我从世上灭绝，但我没有离弃祢的训词"（87节）。

保罗在圣灵的带领下，定意要往耶路撒冷去（使徒行传二十22）。当神在此事上的心意清晰地向保罗显明后，去程中有何等多的艰难和阻止性的护理临到他身上！推罗的门徒"被圣灵感动"对保罗说，"不要上耶路撒冷去"，尽管实际上他们是依从自己的灵（使徒行传二十一4）。

随之，保罗在凯撒利亚遇到了一名叫亚迦布的先知。这名先知告诉保罗他将会在那里遭遇什么（使徒行传二十一10、11），但是所有的这一切并没有动摇保罗。这事之后，弟兄们是何等动情地苦劝他终止那旅程（12、13节）！然而保罗清楚他的原则，笃定心志要持守到底，便全力以赴继续他的行程。

既然如此，与神的话语和谐一致的神的护理，会在我们的旅程中给予我们诸般的鼓励。但是没有任何可被接受的神的护理的见证是与神的话语相悖的。若是圣经和良知告诉你们这是一条罪恶之路，你们不可以冒险踏足，无论神的护理可能允诺给你们提供多少机会和鼓励，因为这些只是被允许作为对你们的考验，并非对你们的鼓励。因此应当把握这点作为一条明确的规则，即没有任何护理之工可以使任何道德上的罪恶合法化或为罪辩护。任何人也不可在神面前抗辩说，神的护理之工鼓励我去做这事，尽管神的话语并没有指示我。因此你们若要在令人疑惑不定的境遇中查明神的旨意，就要把握你们自己在你们寻求的过程中遵循如下规则：

（一）心中存有对神真实的敬畏。真正地畏惧得罪祂。神不会向这样的人隐藏祂的意念。"耶和华与敬畏祂的人亲密，祂必将自己的约指示他们。"(诗篇二十五 14)

（二）更多地研读圣经，减少对世俗的关注和兴趣。神的话语是你们脚前的光（诗篇一百一十九 105），也就是说，它对所有你们要完成的职责和须避免的危险都具有揭示和指导性的效用。这是你们所要寻求的真正的神谕。把圣经的原则珍藏在你们心里，你们便行路无碍。"我将祢的话藏在心里，免得我得罪祢。"（诗篇一百一十九 11）

（三）减少你们实践中的自以为是，你们就会知道你们当尽的责任是什么。"人若立志遵着祂的旨意行，就必晓得这教训。"（约翰福音七 17）"凡遵行祂命令的是聪明人。"（诗篇一百一十一 10）

（四）在你们当行的路中祈求光照和指引。祈求上主在困境中引导你们，而且祂不会允许你们陷入罪中。这是以斯拉的敬虔举动："那时，我在亚哈瓦河边宣告禁食，为要在我们神面前刻苦己心，求祂使我们和妇人孩子并一切所有的，都得平坦的道路"（以斯拉记八21）。

（五）如此行，在与神的话语一致且不逾矩的范围内，遵循神的护理。将神的护理与神的话语对立没有任何益处，而是应该使之服从于神的话语。服从于神话语的神的护理有两点极佳的效用。神的护理所成就的，恰与应许和祷告一致时，是神信实的明证。当大卫在疾病中日益衰弱，且他的敌人因他衰败的迹象而开始夸胜时，大卫祈求神可以怜恤他，使他起来（诗篇四十一10）。他说，由此便知道主喜爱他，因为他的仇敌不得向他夸胜（11节）。大卫视这种护理为恩待的凭据，正如他在别处所说的（诗篇八十六17）。同样，护理之工也大声呼唤我们进入诫命赋予我们的职责之中，并在关于履行职责方面，告知我们何时实际上且必然地是处在律例的义务之下。因此，当令人忧愁的护理之工临到教会或者我们自己身上时，它呼唤我们降卑蒙羞，让我们知晓在那时使我们谦卑在神脚前的命令已然生效。"耶和华向这城呼叫，智慧人必敬畏祂的名：你们当听是谁派定刑杖的惩罚。"（弥迦书六9）刑杖发声，它在说什么呢？哎，如今是在神大能的手下谦卑虚己的时候了。这是患难之日，神已邀请你们来呼求祂。相反，当带来安舒的护理之工更新我们时，它向我们宣告这是在神里面欢喜的时日，这是依照"遇亨通的日子，你当喜乐"的法则（传道书七 14）。这些准则始终具有效力，但并非适用于所有时日。因此，辨识不同的时期，并且知晓各个时期恰当的职责，便是我们的责任，也是我们的明智之选，而神的护理对我们而言就是相关指导的一份索引。截止此处，是第一类情况。

当神的护理耽延一个基督徒长久以来所祈祷和等候的怜悯实现时，他在等候神的日子里如何得到支持呢？

假设在这种情况下，神的护理或许会耽延和推迟向我们实行那些我们长久以来等候和祈求的怜悯，而在那样的耽延及焦虑中，我们的内心和盼望可能会极度消沉，随时耗尽。

神的护理确实可能长时间地推迟实施我们向神祈求和等候的恩惠。为了能正确地理解这一点，就要知道关于神对我们恩惠的实施，有一个双重概念的期限，或者说时机：一种是取决于掌管时候和日期的主我们的神（使徒行传一 7），另一种是源自我们自身，我们拔高了自己对恩惠的期待，有时仅仅是由于我们渴望恩惠的迫切心态，而有时是基于一些不确定性的推测，以及展现在我们面前的鼓动性的表象。

目前来看，没有什么能比神所命定赐下恩惠的时候和日期更为精准、确切、及时，无论需要多久，或在途中存在多少阻碍。神曾亲自为成就那拯救以色列人出埃及的应许预先定下日期，经上记着说："正满了四百三十年的那一天，耶和华的军队都从埃及地出来了"（出埃及记十二41）。将之与使徒行传七章17节相对照，你们便会知晓为什么他们的拯救先前未至，但一天也不会再耽延的理由和原因，因为"应许的日期到了"。应许，如同怀胎的妇人，必须在她们所预定的日子成就，当日子圆满的时候，神的护理将如助产士般，将丰盛的恩惠带到这个世界，无一流产。

但对于我们自己所设定和预计的日期，因它们与神无关，祂的护理也就不受其支配，随之而来的便是我们的失落，"我们指望平安，却得不着好处；指望痊愈的时候，不料，受了惊惶"（耶利米书八15），这就是我们为神的护理的耽延焦躁，对神在祂工作中的信实存疑的原因。但是祂的意念非同我们的意念（以赛亚书五十五8）。"主所应许的尚未成就，有人以为祂是耽延，其实不是耽延。"（彼得后书三9）若是你们以自己的标准和尺度来评定，那便是耽延，但若是你们以神的标准来评定和计算，就并非如此。上主不会以我们的算法来计算和断定祂工作的时机。比较这两种规则，可以从下面的经文中找到我们错谬的原因："因为这默示有一定的日期，快要应验，并不虚谎。虽然迟延，还要等候；因为必然临到，不再迟延。"（哈巴谷书二3）神命定日期，在命定的日子来临时，所期盼的恩惠便不会落空。但与此同时，诗人说："虽然迟延，还要等候，因为将不再迟延。"迟延和不迟延，如何协调这两者呢？经文的意思是，它可能会迟延，远超你们的预期，但照神所命定的，没有片刻的迟延。

在神的护理迟延的时候，神百姓的心境和盼望也许会非常低落和沮丧。从圣经对一些人的记载上，以及我们每个人从自身的经历中所感受到的，都是非常清晰的。我们在以赛亚书里有这样的一个例证，此处你们看到神会安慰祂的百姓，"也要怜恤祂困苦之民"的信实应许（以赛亚书四十九13）。有人会认为这足以鼓舞并安慰他们的心。但是神所应许的怜悯许久未至，他们在年复一年中等待，而压在他们身上的重担并没有被挪去。因此，"锡安说：耶和华离弃了我，主忘记了我"（14节）。也就是说，盼望这样的怜悯是徒劳的。神并不顾念我们，祂的心思意念中并没有我们。祂既不在乎我们，也不在意我们的结局。

大卫也有类似的经历。神向他做出这样的承诺后，就在所定的日子信实地成就了。向人所承诺的恩典没有可与之比拟的，因此被称为"应许大卫那可靠的恩典"（以赛亚书五十五3）。然而，神的护理如此长久地延迟这些应许的成就，并允许如此多的患难嵌入，以至于大卫对于神应许的实现感到绝望，甚至最终断定神已经将他遗忘，"耶和华啊，祢忘记我要到几时呢？要到永远吗？"（诗篇十三1）在这里他尚且以存疑的语气呼求，在另一处他便十分肯定地判断说："人都是说谎的"（诗篇一百一十六11），"必有一日我死在扫罗手里"。这些内心的悲观和颓败的原因，部分来自于我们自己，部分则源自于撒旦。

若是我们就此充分地审视自己的内心，我们将会发现内心的颓败是源自不信之恶念的直接影响。我们并没有以完全的信任和信心，来仰望并倚靠神的话语，而这话语正是信实而不变之神所发出的，是绝对可靠的。你们从圣经中可以发现这种怯弱的背景："我若不信……就早已丧胆了"（诗篇二十七13）。信心是慰藉内心对抗这些怯弱和悲观的唯一镇定剂。我们心中存有的信心若是缺乏或软弱，当挫败临到我们时，我们内心衰落地如此之快，也就不足为奇了。

我们凭着可感知的法则来判断和衡量事物，这是我们感到挫败的一大原因。我们根据事物的表象来推断它们的结果。若亚伯拉罕如此行，在面临他自身信仰的巨大考验时，他必然已失足。"他在无可指望的时候"，即按照自然概率并无指望时，他"因信仍有指望……将荣耀归给神"（罗马书四18、20）。若是保罗这样做，他已然在他的磨难中软弱滑跌了。他说，原来我们不是顾念所见的，所以我们不丧胆（哥林多后书四16、18）。也就是说，坚固我们的心志，在于将视线从当前和可见的事物上移开，用另外一种规则来衡量万事，即透过应许里坚定允诺的神的权能和信实。

在所有的这些事上，撒旦都图谋与我们对立。因此，牠趁机暗示神是铁石心肠，并攻击我们心中对神的信靠和期待。撒旦正是在神和圣徒之间的挑拨离间者。牠夸大并利用我们在途中所遇到的困难和恐慌，并尽力使我们的手疲软，挫败我们等候神的心。撒旦的这些暗示对我们而言要更显可信，因为它们得到了理智和感觉的确认和验证。

但是，在我们的灵魂遭遇极具迷惑性的伪装时，有一种孤注一掷的应对。它关系到我们当下的分辨力，并保守我们对神的信心和盼望。一个将万事交托给神，并静默等候祂的救恩的人是有福的（耶利米哀歌三26）。为了支持身处这种困境中的人，我将在接下来的考量中提供进一步的帮助：

尽管神的护理尚未施行你们所等候的恩惠，你们仍然没有理由认为神心硬。因为有可能神从未给你们任何根据，让你们从祂那里期待这些事物。

这可能是你们的期待并没有建立在应许之上，若是这样的话，神为什么要在一个从未向你们许诺祂的真诚和信实的情形中，面对你们的猜疑和不尊重呢？如果我们在自己的属世挂念上受挫，看到我们对兴旺的盼望破灭，如果我们发现被挪去的这样、那样的属世安舒，是我们向自己所过分许诺的，为什么神必须为此受到指责呢？这些事物是你们向自己所承诺的，但是神在何处向你们承诺亨通和长久的安逸呢？你们自己编织神的应许，然后又声称神违背了诺言。你们若说，在圣经中有神未尝留下一样好处的普遍性应许，但有许多好处神的护理并没有赐给你们，这实际上是不足为据的。因为这个应许（诗篇八十四11）有它的限定范围，即清晰地限定在那些"行动正直的人"中。在你们与神的护理争辩祂的不作为前，你们应该查验自己是否做到了行动正直。啊，朋友，省察你们的内心，反思你们的行为。你们是否看到了自己诚实正直上的缺欠，有多少次在内心和实际生活中与神相悖。而这是否解释了为什么神不仅留下了你们所期待的，还将你们引以为乐的挪去？而且除了关于客观的限制之外，它还限定在（正如与客观事物有关的所有其他应许一样）以神的智慧和旨意为前提的情形和事物中，这也是它们分赐给世人时的唯一准则。也就是说，神按照在祂看来对你们的福祉而言所需的且最为有益的份额赐下恩典，并且，这些都是基于神自己所命定的时间和日子赐下，而非你们的。

神从未被支配必须要为我们中的任何一位带来无条件的、无限的属世安舒，那么若是我们有何不满，便只能责怪我们自己。有谁让我们期待这世上的安稳、舒适、享乐之类的事呢？神从未向我们保证说我们将富足、健康，在我们的所居之地悠闲安逸。正相反，祂经常告诉我们必须预料到在这世上的苦难（约翰福音十六33），以及"我们进入神的国，必须经历许多艰难"（使徒行传十四22）。神所应许必定成就的，是在急难中与我们同在(诗篇九十一15)，并供应我们真正及确实的需要。"困苦穷乏人寻求水却没有，他们因口渴，舌头干燥。我耶和华必应允他们，我以色列的神必不离弃他们"（以赛亚书四十一17），神最终会将所有的护理之工圣化为我们的益处。"我们晓得万事都互相效力，叫爱神的人得益处，就是按祂旨意被召的人。"（罗马书八28）所有的这一切，从未有丝毫失落，将来也不会。

倘若你们说，你们已经等候神为你们的灵魂按照应许赐下属灵恩惠很久了，但是那些恩惠依然处于耽延，并且你们的眼目在期待中衰败，那么我盼望你们认真地思量，你们如此长久地向神所期待的究竟是何种属灵恩惠。

属灵恩惠可以分为两类：一类关乎到本质，即新造之人的存有及延续不可或缺的。另一类关乎到人内在的福祉、安舒，是你们所愿的喜乐生活必不可少的。前一种恩惠是全然必需之物，因此如你所见，被涵盖在绝对的应许之中，"又要与他们立永远的约，必随着他们施恩，并不离开他们，且使他们有敬畏我的心，不离开我。"（耶利米书三十二40）但就另一种而言，神按着祂看为合宜的尺度和时机赐给我们，而许多属神的百姓在缺少这种恩惠的情况下生活了许久。圣灵的赐予及持续性，对使我们重生，成为圣洁，与基督联合都是必不可少的。但是神所赐的喜乐和安慰并非如此。光明之子可能行在"暗中"（以赛亚书五十10）。因他凭信心生活，而非感觉。

你们抱怨神的护理推迟施行你们所祈求和等候的恩惠，然而你们在所渴望的这些恩惠上是否动机纯正呢？这可能是你们求而不得的原因（雅各书四3）。缺乏正当的目的，导致我们在祷告中缺乏完美的得胜。我们可能是为富足而祈祷，而我们的目的是讨肉体的喜悦。我们眼中所望的不过是肉体的欢愉和饱足。我们祈求和等候从困境和患难中得以解脱，不是为了能更好地为顺服做预备，而是为了摆脱那些我们难以忍受的且会摧毁我们属世享乐的灾祸。当然，若是如此，你们更需要审判和谴责自己，而非指责和怀疑神的看顾。

你们期待幸福，而它却不曾临到，但你们的心意是否因此被带入对于神的旨意的完全顺服之中呢？

的确是的，神会让你们在心愿得享前学会顺服。心愿得享是讨你们喜悦的事，但你们意念上的顺服却是讨神喜悦。若是你们的心不能顺服，恩惠便无法临到。大卫被迫长久等候向他所应许的怜悯，是的，他在心愿实现之前便存有知足的心。大卫被塑造成"好像断过奶的婴孩"（诗篇一百三十一2），你们也要如此。

你们的先祖长久地等候神赐下怜悯，你们为什么不可以呢？

大卫等候直到他的"眼睛失明"（诗篇六十九3）。教会在神行审判的路上等候祂（以赛亚书二十六8）。你们是否比所有在你们之前的圣徒更加良善呢？神难道对你们有更多的义务，超过对祂所有的百姓吗？他们都在静默等候，你们为什么不可以呢？

你们在忍耐中等候神的恩惠会失去什么吗？

当然不会！是的，持续以安静顺服的态度等候神会为你们带来加倍的益处。虽然你们尚未得享你们所期许的美好，然而这一切都是你们操练等候恩惠的时间，行出恩惠比享受安舒要更为优秀。一直以来，主在信心和忍耐的操练中训练你们，使你们的意愿顺服于祂，你们在这样的过程中有何损失呢？是的，所盼望的恩惠无论何时来到，对你们而言都会变得更加甘甜。看看在其上投入了多少的信心和祈祷，你们曾多少次为此与神角力，便会在恩惠临到时发觉加倍的甘甜。哦，因此无论神耽延你们多久，都毋需颓丧。

那些你们期待从神得到的恩惠难道不值得等候吗？

若是不值得，却因为缺乏恩惠而困扰，这就是你们的愚昧了。若是值得，你们为什么不继续等候呢？你们等候神的恩惠，岂不正是神在赐下恩惠时所期待的吗？你们明白，自己并不配得神手中最小的。你们所期许的，不是作为补偿，而是乐意的恩惠。如果是这样，那么当然你们至少可以为此等候神的悦纳。

思量圣经中有多少应许给那些等候的人？

一处经文宣布说："凡等候祂的都是有福的"（以赛亚书三十18）。另一处告诉我们凡等候祂的必不羞愧（诗篇二十五3），也就是说，他们最终必不至失望，必将有份于他们的盼望。第三处经文告诉我们，

"但那等候耶和华的,必从新得力"(以赛亚书四十31),这样的应许,以及诸多类似性质的应许,是你们需要在怯弱的日子里善加利用的。当已有这许多的激励预备好在这些应许中更新我们,我们还要照这样灰心下去吗?

神已经等待你们遵守祂的诫命,实现你们的约定和承诺多久了?

你们已经让神等候你们的归正和顺服很久了,因此,你们没有理由认为,是神让你们旷日持久地等候安慰。我们有我们的"要到几时",神不也有祂的"要到几时"吗?我们呼喊道:"耶和华啊,祢要到几时才救我呢?"(诗篇六3)"耶和华啊,祢忘记我要到几时呢?要到永远吗?祢掩面不顾我要到几时呢?我心里筹算,终日愁苦,要到几时呢?我的仇敌升高压制我,要到几时呢。"(诗篇十三1、2)但是当我们思想上主已然向我们显出祂的忍耐有多久,我们便确实不应该将那些事当作遥遥无期的。我们已然使神说:要到几时,要到几时?我们的不信让祂呼唤:"他们还不信我要到几时呢?"(民数记十四11)我们败坏的心让祂呼唤:"恶念存在你心里要到几时呢?"(耶利米书四14)我们不洁的本性和样子让祂呼唤:"他们到几时方能无罪呢?"(何西阿书八5)如果神在你们应尽的本分上如此耐心地等候你们,愿你们同样在祂的恩惠上等候祂。

你们在不愿等候的厌倦中所显出的急躁和不忠，其自身便是大恶了。

很有可能正是这种恶行阻碍了你们所期待的恩惠到来。若是你们的灵更加沉静更为顺服，或许你们可以更快地拥有你们的恩惠。截止此处，是第二类情况。

基督徒应该如何识别出炼净性的、且是源自于神对他的爱的护理之工呢？

在这世上临到人的护理之工有两类或两种，其结果和结局大相径庭，是的，彼此对立。

对一些人来说，基于赐福的应许，所有的护理之工都在神的统管和指令下成就美事（罗马书八28）。不仅是那些本质上是美善的事物，如律例、恩典、职责和怜悯，也包括那些本身是邪恶的事物，例如试探、苦难、甚至他们的罪和败坏，都会转化成为使他们有益和蒙恩的结果。虽然罪的本性在其实质和形式上都是邪恶的，其自身并无成圣的能力，然而即使从这极致的罪恶中，神也可以带出对祂百姓的益处。尽管神从未使罪成为美善的器具，但是祂的护理却可以使之成为对祂百姓有益的契机，即藉着神的护理的智慧运行，可以成就属灵的益处。

因此对于各种各样的苦难而言，即使是其中最大和最痛苦的，也可以在神的护理的影响下为圣徒带来不可估量的益处。而且不仅是作为时机，也可以成为相应的工具和方式。"所以，雅各的罪孽得赦免"（以赛亚书二十七 9），那便是，藉着这种使人成圣的苦难的方式。

对于另外一些人来说，没有什么是使人成圣的，无论是作为工具还是契机，都无任何属灵的益处。正如最糟糕的事情也可以被预定来成就圣徒的益处，而恶人所享有的最好的事物也于他们无益。他们的祈祷反成为罪（诗篇一百零九 7），律例作了死的香气（哥林多后书二 16），神的恩变作放纵情欲的机会（犹大书一 4），基督自己成了绊脚的石头（彼得前书二 8），他们的筵席变为网罗（诗篇六十九 22），他们的安逸必害己命（箴言一 32）。万事或效力于善，或为恶所使用，因人而异。"在洁净的人，凡物都洁净；在污秽不信的人，什么都不洁净。"（提多书一 15）

因此，可以观察到神的护理的果效临到敬虔的人和不敬畏神的人身上时，会带出完全相反的影响。万事会增进一些人的永恒益处，和另一些人的败亡。这是一个不得不被承认的极其重要的真相，深刻地关系到每一个人，他所经历的护理之工是使其成圣呢，还是并非如此？

为有助于理解这点，我将会提出两点必要的考量，然后给出有助于解决这个问题的一些原则。

首先，要思考在我们前面的事，无论对我们而言是有益的，还是有害的，我们都不知道。因为"或是爱，或是恨，都在他们的前面，人不能知道。凡临到众人的事都是一样"（传道书九1、2）。我们无法通过神手所行的事理解祂的心思意念。若是使人兴旺的护理临到我们，我们无法说，这是神爱我们的确据，因为有谁比那些祂所恨恶的人拥有更多此类的护理呢？"他们所得的过于心里所想的。"（诗篇七十三7）确实，那对于天国而言是非常薄弱的佐证，世上有如此多的人伴随着此类护理进入地狱。这些事物或许可以证明我们对神的爱，但纵然在万般这样的享乐中，我们也无法获得任何祂爱我们的可靠保证。

而且，从反面的苦难性的护理之工中，我们无法知晓神的愤怒。

如果苦难，极大的苦难，诸般的苦难，经年累月的苦难，可以作为一种标签或特征，将神的愤怒的对象，限定在那些承受这些苦难的人身上，若是这样，我们还会在这世上发现神的百姓吗？那么我们必然会挑选出这世上傲慢、虚浮、放纵情欲，日日笙歌的人，然后说这些人是神所爱的人。

属世事物的分配是随机且复杂的，没有人的属灵状态可以通过他现世的光景来分辨。当神拔刀出鞘时，可能会"将义人和恶人一并剪除"（以西结书二十一3）。

第二，尽管从物质层面考量神的护理，并不能提供神爱我们的确据，但是这些护理临到我们的方式及其影响和在我们里面所结出的果子，确实非常明显地将之区分开来。由此我们可以分辨它们是否是成圣性的护理和上主之爱的果实。尽管，我们用以辨别这些护理本质的影响和果效并不总是即刻显露，但必须要给灵魂时间得以在其中历练。"凡管教的事，当时不觉得快乐，反觉得愁苦，后来却为那经练过的人结出平安的果子，就是义。"（希伯来书十二 11）

神的护理的益处如同良药的果效一般可被辨识。当下会引起不适，以及给肚腹带来难受和恶心，但之后会在我们健康的恢复及愉悦之中发现它的益处。神的护理在当下看来，一些是带来安舒的，另一些是令人难过和伤痛的，辨明其中的圣化和祝福的方法，就是藉着它们临到的方式，以及对我们灵魂产生的果效。我将考量所涉及的两类护理形式的具体情况，然后向你们呈现我们的忧虑或安慰的何种果效可以显出它们对我们而言是成圣性和祝福性的。

首先，就令人忧伤和受苦的护理之工而言，当它们在适当的时候来临，在我们需要它们时，无论是为了阻止我们陷入某种罪恶，或是使我们从所陷入的懒惰、懒散、淡漠的精神状态中恢复过来，那无论它们以怎样的形式和程度临到，我们可以毋庸置疑地肯定，它们是祝福我们的，并且是源自神的爱。"但如今……暂时忧愁"（彼得前书一 6）。无疑，神按着当时的所需，藉着适切、智慧地安排那些苦难，来让你们得益处，这是一种好的迹象。你们若是看到农夫在恰当的时节修剪树木，他的目的是为了使树木更好地生长和结果。

但是倘若在盛夏的时候做这事，便显出不同的用意，是的，他打算毁了它。

当我们的患难在性质和程度上都适切地作用在我们最显著的败坏上时，那么它们便可被视为洁净性的击打。神的智慧极大地显明在祂选择的杖上。并非任何种类的苦难都可以起到洁净所有罪恶的功效。而当神为我们选择了特定的苦难时，如同良药般适合灵魂所患的疾病，这体现出神的顾念和怜爱。因此，我们可能留意到，当某些安舒过度地窃取我们的灵魂从神而得的爱和喜乐时，神便时常在其中击打我们，在那些我们寄予厚望期待从中获得慰藉的事物中拦阻我们。这些护理显示出神向我们所存的忌邪的心，祂的看顾通过这些令人痛苦却是必要的击打来阻止更大的恶。就我们所受患难的程度而言，洁净性的击打通常由神的智慧掌管，与我们所蒙内在恩典的力量及能力相匹配。"祢打发他们去，是相机宜与他们相争；刮东风的日子，就用暴风将他们逐去。"（以赛亚书二十七8）经文这里暗喻一位医师，通过准确地称量各种药物成分，为他的病人调制药物，以便与病人的体质相宜，恰到好处。于是下一节经文紧接着宣告："所以，雅各的罪孽得赦免"（9节）。

当我们的困境对于我们成圣有益，使我们的心与罪相争，而非与神相争时，这是好的迹象。人所经历的大灾大难屈指可数，但是患难会使人变得好争竞且忿忿不平。恶人与神相争，心里充满对祂的怨言。因此圣经这样描述他们："人被大热所烤，就亵渎那有权掌管这些灾的神之名，并不悔改将荣耀归给神"（启示录十六9）。但敬畏神的人，将患难当作炼净的途径，他们以神为公义，与罪恶断绝，他们谴责己罪，将荣耀归给神。"主啊，祢是公义的，我们是脸上蒙羞的"（但以理书九7），"活人因自己的罪受罚，为何发怨言呢？"（耶利米哀歌三39）以苦难为乐，使灵魂与罪相争，与恶断绝。

当患难性的护理之工将罪从内里除去，使整个身心和生命较之前更加纯净、超凡、谨守和谦卑，这便是其成圣果效的一个确切标识。成圣性的苦难是清洁剂，它除去骄傲，炼净世俗，涤荡灵里的虚浮。所以你们会读到（但以理书十一35）患难使他们的灵魂清净洁白。因此，它被比作将渣滓从纯净的金属中分离的熔炉："我熬炼你，却不像熬炼银子；你在苦难的炉中，我拣选你"（以赛亚书四十八10）。但是对于恶人而言，无论他们在熔炉中多久也不为过，因他们未曾析出任何渣滓（以西结书二十四6）。有多少基督徒能见证这一真理！在经历一些极端的苦难后，他们心中的俗念终究得以除去！这世上的佳色美馔对他们而言味同嚼蜡。哦，他们是多么地庄重、谦卑、超凡脱俗，直到苦难给他们留下的印象消逝，他们再次被诡诈的私欲捆锁！这便是我们为什么常在杖罚之下的原因。一位已故的作家说，一个基督徒若是两三年未经历苦难，便几乎是一无所长。他无法祈祷，无法默想，也无法如惯常般讲论。但是当新的苦难来临时，他便重新找到了他的舌头，回归他的膝盖，以另一种方式生活。

当我们与神亲近，并"归向击打我们的神"时，苦难性护理助我们成圣，这是一个好的迹象。恶人在祸患中"屡次悖逆"（以赛亚书一5），"还没有归向击打他们的主"（以赛亚书九13），反而比之前更恶，安分守己转变为愚蠢和懒惰。但神若是以圣洁的杖击打祂的百姓，便能唤醒他们来更真诚地寻求神，使他们较之前更加恒切、顺从圣灵、热心地祷告。当保罗被撒旦攻击时，他"三次求过主"（哥林多后书十二8）。

当苦难并没有使我们的心与神疏远，而是激发我们对祂的爱时，我们可以判断所遭受的患难有助于我们成圣，并源于神对我们的爱。这是一个可靠的原则：任何事物若是增添我们对神的爱，都是源自神对我们的爱。罪人发现当他被神击打时，他的心兴起与神为敌，但感恩的人却与神更加亲近。他们以爱回应，更以降下苦难的神为义。"这都临到我们身上，我们却没有忘记祢，也没有违背祢的约。我们的心没有退后，我们的脚也没有偏离祢的路。祢在野狗之处压伤我们，用死荫遮蔽我们。"（诗篇四十四17-19）你们在此处所看到的记录，是一个心怀感恩的人在面对极大的患难时的态度和格局。"在野狗之处被压伤，用死荫遮蔽"，描绘出苦难中最惨淡的状态，即便如此，心怀感恩的人并不退后，即是说，对神的爱丝毫也没有减少。对他来说，在苦难中神一如既往地良善和宝贵。

当神的教训伴随着苦难一同临到我们的内心时，我们便称这样的苦难是成圣性的。"耶和华啊，祢所管教、用律法所教训的人是有福的。"（诗篇九十四12）成圣性的苦难如同眼药，在圣灵的协同下，卓有成效地教导我们关于罪的邪恶，受造物的虚空和守住不能动摇之事物的必要性。基督徒在苦难的杖责中，对他的败坏和承受的恩典的正确认识是前所未有的。人如今认识到，富贵常伴有污秽，受造之物心中所关注的是什么呢，当神呼召我们操练信心、忍耐、顺服和克己时，我们具有的是何等的少。哦，当人因此将心意呈上，细细查验，因内心的邪恶谦卑在主前时，苦难成为祝福，这是神恩典的记号！

在接下来的部分，让我们来思考神的护理的另一分支，即可带来安舒和愉悦的部分。有时神的护理在成功、兴盛和对我们内心期许的满足中，对我们报以微笑。这里的问题是，我们应如何得知这些护理的成圣性功用？关于这个问题的答案，为明晰起见，我将给出两种原则：一种从消极角度，另一种从积极角度。

一、消极角度。通常当安舒并没有经由祈祷而至时，便显出它对我们并非是成圣性的。"因为恶人以心愿自夸,贪财的背弃耶和华,并且轻慢祂(或作他祝福贪财的,却轻慢耶和华)。恶人面带骄傲,说:耶和华必不追究。他一切所想的,都以为没有神。"(诗篇十3、4)在这里,你们会发现神的护理可能会赐给人们"他们心里所愿的",而他们从未在祷告中将他们的愿望向神敞开。但是,神的护理的那些礼物仅仅是类似于对恶人的施舍,并非是爱的果实。

无论人藉着罪恶的手段和不诚实的方式获得怎样的成功、兴旺或安舒,这些对他们而言都不是成圣性的恩惠。这并不是赐下那些恩惠的方式。"多有财利,行事不义,不如少有财利,行事公义"(箴言十六8),基于此理,以神的方式并伴着祂的祝福赐下的恩惠更为宝贵,而这种恩惠从不附从罪恶的道路。神诅咒罪恶的道路,使其中的福分断绝。

若是任何兴盛和成就使人淡忘神,放弃对责任的重视,这对他们的成圣并无益处。非成圣性的富足使人昏睡,深陷在对神的遗忘中。"耶和华使他乘驾地的高处,得吃田间的土产;又使他从磐石中咂蜜,从坚石中吸油;也吃牛的奶油,羊的奶,羊羔的脂油,巴珊所出的公绵羊和山羊,与上好的麦子,也喝葡萄汁酿的酒。但耶书仑渐渐肥胖、粗壮、光润,踢跳奔跑,便离弃造他的神,轻看救他的磐石。"(申命记三十二13-15)"你轻忽生你的磐石,忘记产你的神。"(18节)富足人的祭坛上鲜少有祭物的气味(Rarè fumant felicibus aræ)。

当繁荣兴旺被滥用以耽于声色和仅仅是被作为维持肉体私欲的能量时，便不是成圣性的。"他们打发小孩子出去，多如羊群，他们的儿女踊跃跳舞。他们随着琴鼓歌唱，又因箫声欢喜。他们度日诸事亨通，转眼下入阴间。"（约伯记二十一 11-13）

当兴旺使人心膨胀，充斥着狂傲和自负时，这表明它并非对人的成圣有益。"过了十二个月，他游行在巴比伦王宫里。他说：这大巴比伦不是我用大能大力建为京都，要显我威严的荣耀吗？"（但以理书四 29-30）

让人离弃职责，全然怠慢，或内心极其不适的成功，对人而言并非是成圣性的。"这世代的人哪，你们要看明耶和华的话：我岂向以色列作旷野呢？或作幽暗之地呢？我的百姓为何说：我们脱离约束，再不归向祢了？"（耶利米书二 31）

此外，人在享乐中灵魂被全然吞灭，他们漠视公众的苦难和罪恶而得享亨通，这都不能视作成圣的途径。"你们躺卧在象牙床上，舒身在榻上，吃群中的羊羔、棚里的牛犊。弹琴鼓瑟唱消闲的歌曲，为自己制造乐器，如同大卫所造的。以大碗喝酒，用上等的油抹身，却不为约瑟的苦难担忧。"（阿摩司书六 4-6）

二、积极的角度。那些恩惠和安舒若是让人的灵魂温和地谦卑在神的面前，深知他们自己的卑劣和不配，便无疑对人的成圣有益。"雅各说……祢向仆人

所施的一切慈爱和诚实，我一点也不配得。我先前只拿着我的杖过这约旦河，如今我却成了两队了。"（创世记三十二9、10）

使人成圣的恩惠通常会转变成对罪的提醒（以斯拉记九13）。有如此多的约束之绳加于蒙恩之人的灵魂，让他们避开罪恶。

它们会促使人从内心，以爱回应神所赐的恩惠。（诗篇十八1，对照标题）

这种恩惠给人带来的满足是他们所拥有之物永不能及的，对人的灵魂来说，所有世界上的繁华也都不足与之相较。"他看为基督受的凌辱比埃及的财物更宝贵，因他想望所要得的赏赐。"（希伯来书十一26）

这种恩惠也不会使人漠视公众的过犯和不幸（尼希米记二1-3；比较使徒行七23）。

当这些恩惠使灵魂更加预备好，并且被扩展为了神的缘故履行职责时，便可确定表明它们是使人成圣的。"所以耶和华坚定他的国，犹大众人给他进贡；约沙法大有尊荣资财。他高兴遵行耶和华的道。"（历代志下十七5、6）那些恩惠藉着祈祷获得，并使人以应有的颂赞回应神，它们带着自己的荐信，这样的恩惠是源自神的慈爱，也是对人的成圣有益的。

截止此处是第三种情况。

面对神的护理在我们身上多变乃至完全相反的表达，我们应该如何获得心灵的平衡和稳定呢？

对于此种情况有三点推断：

（一）神的护理在神的百姓身上有多重和相反的表达；

（二）在神的护理的变更之下，经历灵里的强烈混乱，对他们而言是一种普遍现象；

（三）合理地运用神为类似情景所赐予我们的那些原则和帮助，至少在极大程度上，这些混乱可以被预防。

神的护理在祂的百姓身上有多样的，是的，完全相反的表达，这种现象非常清晰，并不需要我们费劲全力才能领会。神的百姓中有谁不明白这真理呢？神的护理在世间全地带来变化。"祂使邦国兴旺而又毁灭，祂使邦国开广而又掳去。"（约伯记十二23）它对人也是如此："祢把我拾起来，又把我摔下去"（诗篇一百零二10）。看看神的护理给教会带来何等令人悲痛的变化："先前满有人民的城，现在何竟独坐！先前在列国中为大的，现在竟如寡妇！先前在诸省中为王后的，现在成为进贡的。"（耶利米哀歌一1）"你们一切过路的人哪，这事你们不介意吗？你们要观看，有像这临到我的痛苦没有？就是耶和华在祂发烈怒的日子使我所受的苦。"（12节）约伯的经历不正是这一真理的生动例证吗？（比较约伯记二十九章与三十章）。有数以千计的人与拿俄米一同发怨言，他们的生活状况发生了不可思议的改变，以至于旁人按着伯

利恒人对**拿俄米**所说的问道:"这是**拿俄米**吗?"(路得记一 19)

这些神的护理所带来的兴衰变迁,常常导致那些最为出色的人灵里巨大的混乱。如同灼热和严寒考验我们身体素质的力量和健全,神的护理给我们的处境所带来的改变,考验我们恩典的强度,并经常显露出圣徒的软弱和败坏。希西家是个义人,但是他的软弱和败坏,在神的护理给其处境所带来的变化中显露无疑。当病痛召唤希西家入阴间时,他显露出怎样的苦毒抱怨和绝望(以赛亚书三十八章)!当神的护理使他康复,重回兴盛,他表现出何等浮夸和虚荣(以赛亚书三十九 2)!大卫生来所蒙的恩典超乎常人,但仍不足以使他在巨大的变迁中保持自身灵里的镇静。"我凡事平顺,便说:我永不动摇……祢掩了面,我就惊惶。"(诗篇三十 6、7)并非任何人都可以和保罗一同说:"我知道怎样处卑贱,也知道怎样处丰富,或饱足、或饥饿、或有余、或缺乏,随事随在,我都得了秘诀"(腓立比书四 12)。他拥有的恩典着实丰富,以至于富足或贫穷既不能妨碍他所蒙恩典的运行,也无法使其枯竭。

纵使是最杰出的人,也会在神的护理带来的变动中经历内心的混乱。然而,合理地运用神为类似的情景为我们所赐下的那些原则和帮助,在极大程度上这些混乱可以被遏止。因此,它们理应被重视。

处在神的护理赐下的安舒光景中，我们应该如何获得内心的平衡和安稳呢？

在此类护理下，最大的挑战在于避免心浮气躁，落入昏沉、懈怠的状态。为了防止这种情况，我们需要告诫自己的心须谦卑，并警醒自省，如以下所言：

这些神的护理的恩赐对于恶人而言亦为寻常，并非是神特别之爱的果实。即使是最卑鄙的人也饱尝这些事物。"他们的眼睛因体胖而凸出，他们所得的过于心里所想的。"（诗篇七十三7）

想想所有的这些事物是多么地无常、易变。今日你们以为荣耀的，或许明日便一无所有。"你岂要定睛在虚无的钱财上吗？因钱财必长翅膀，如鹰向天飞去。"（箴言二十三5）如同飞禽的翅膀自然从身体长出，这些受造之物本质的走向亦是过眼烟云。万物都服在虚空之下，而这虚空，如同翅膀，将其带离。它们不过是必将凋谢的花（雅各书一10）。

当神的百姓心高气傲，将安全感建立在富足上时，护理之工带来的变迁将前所未有地迫近袛的百姓。希西家不是以他的财富为荣吗？他所听到的下一个消息便是护理之工即将被挪去（以赛亚书三十九2-7）。其他人或许会在非成圣性的亨通中败亡，但你们不应如此。

这对你们内心的私欲和败坏是彻底的揭露，它表明一个人内心的关注少许安放在神那里，少许被世界所辖制，少许与本质上是浮华和牢笼的事物为伴。哦，在神的护理的试炼来临前，你们并不知晓你们的心思如何！而这样的发现岂不是带来深深的羞辱吗？

低落的处境是否比当下对你们更为有益呢？反思且比较不同的状态和时间。你们内心的状态是如何随着处境的改变而转变呢？神如此控诉以色列人："我曾在旷野干旱之地认识你。这些民照我所赐的食物得了饱足；既得饱足，心就高傲，忘记了我。"（何西阿书十三5、6）类似于说，在你们之前贫乏的时日，我们相处更为融洽，富足却使你疏远我，今非昔比。神的恩惠却成了使我们与祂疏离的理由，这是多么可悲啊！

在带来灾难和不幸的护理中，我们应该如何保持安稳、沉着的心态呢？

这里我们处于另一极端的同等程度的危机之中，即在苦难性的护理之工的消磨与击打之下而消沉和衰败。

此时，来支撑和安定此种处境下的心态，可思考以下几点：

苦难性的护理之工对神的百姓大有益处，是他们生存不可或缺的。地球对严霜和瑞雪的需求，远远低于我们的心灵对苦难性护理之工的需要。若最良善的基督徒有几年缺乏磨难，便会意识到自己何等需要苦难性的护理之工，因他发现自己所有的美善之处都在无可救药地懈怠和衰退。

没有任何临到神百姓的磨难打击可以让他们与基督隔绝。"谁能使我们与基督的爱隔绝呢？难道是患难吗？"（罗马书八35）曾有一段时间，约伯在世间唯一所拥有的便是苦难。他不能说，我的财富，我的尊荣，我的健康，我的儿女，因为所有这些都失去了。然而随后他却可以说："我的救赎主"（约伯记十九25）。那么，当我们在基督里的利益是确定的，就没有任何理由颓丧。

你们所有的苦难不久就会结束。圣徒的最漫长的艰难岁月也会走向终结，之后便永远不再有患难了。恶人将要承受痛苦直到永远，但是你们的患难只是一时之间（彼得前书五10）。纵使千般的艰难临到你们，终会逐渐消散，之后归于无有。是的，尽管"我们的苦楚是至暂至轻的"，但它们要"为我们成就极重无比的永远的荣耀"（哥林多后书四17）。在所有的患难中，你们当以此坚守心志。

接下来，让我们思考，当我们处于令人困惑的护理之下，我们极为关切的事物悬而未决，我们也不知道神的护理将以什么方式来筹划和决断时，可以用什么来支撑并抚慰我们的内心。

最良善的心灵常会陷入挂虑和忧愁，受困于对事件和结果的焦虑。为使我们在此类情况下安心和镇定，下列考量是非常实用的。

让我们来思考这种焦虑的虚幻和无益。"你们哪一个用思虑使身量多加一肘呢？"（马太福音六 27）我们可能会打破我们的平和，浪费我们的心神，却无法改变情形。我们无法使神改变心意。"祂心志已定"（约伯记二十三 13）。我们可能因着与神对抗，加增而非避免或减轻我们的苦难。

我们多么惯常地因着自己焦躁不安的思绪，使自身陷入苦恼备受折磨，而这么做并没有实际的缘由或根据？"又因欺压者图谋毁灭要发的暴怒，整天害怕！其实那欺压者的暴怒在哪里呢？"（以赛亚书五十一13）若是安静等候直到我们看见神的护理的作为，不去将明日的重担带到今天，我们将会避免何等多的焦虑和烦恼呢？

我们所有的事务和挂念的整体处置权及相关安排，都在我们自己的神和天父手中，这是何等充足的让人安心的理由啊。没有祂的授权或允许，没有受造物可以触碰我们。"耶稣回答说：若不是从上头赐给你的，你就毫无权柄办我。"（约翰福音十九 11）若没有神的委托，无论人，或是鬼魔，都无法做任何事，可以肯定的是祂不会签署有损于你们的命令。

所有确信圣经的神圣权柄，并在其字里行间中发现神可靠应允的信实的人们，必定是多么地知足啊！在圣经中我们可以标示出何等多赐福性的话语，那甚至关乎我们物质上的挂念及所有令人欢欣的结果。

第十二章 关乎神的护理的实际问题　271

　　基于以上两点，即我们的属世挂念和蒙福结果的牢靠指导，可以在神的话语中找到。并且这话语拥有神圣的权柄，字里行间充分彰显着神的信实和尊荣。我要说即使在乌云笼罩的最艰难时日，这些就是如此稳固的依据，我们的心也因建基于此的最大的安全感和自信而依然镇定。不仅是你们的永恒救赎，乃至你们此世的利益都在其中有所保障。因此，要相信终究蒙福的结局，保持坦然。

　　诸圣徒发现的保持自身宁静的方法是何等伟大而可靠，就是将所有神的护理中的不确定结果都交托在主的面前，在他们所有关切的事上仰赖祂。"你所作的，要交托耶和华，你所谋的，就必成立。"（箴言十六3）作者这里提及的"所作的"包含任何不确定的，错综复杂的，令人困惑的事务，我们的心思为之痛苦不堪、饱受煎熬。凭着信心将所有的这些交托给主，让祂掌管，在最终的安慰之外，你们会因此即刻获益的是内心的宁静与平和。在有任何信仰立场和经历的人中，谁没有察觉到这样事呢？

　　当苦难性的护理之工临到一个基督徒，并预示着将有极大的困难和痛苦及身，他应该如何使自己的内心顺服在神的心意之下呢？

　　为了正确地陈述、解决这个重要的问题，需要阐明这个问题中不包括及并未意指的是什么，其中所假设和包括的又是什么，以及哪些帮助和引导对于这一重大且艰巨的责任充分履行是必要的。

这个问题的必要预设是，不认为在这件事上，一个基督徒的心思或意念可任由自己支配和操控。我们无法随时按照自己所期待的驱使它，使其顺从于神的意志。这确实是我们的责任，但我们唯独靠着神的权能方能履行，我们行事为人乃是靠着圣灵。我们的心如同藉着太阳之能悬在空中的流星，日头还在，流星高悬，但若日头垂落，则流星坠地。靠着那加给我们力量的基督，无论多艰难，我们凡事都能做（腓立比书四 13）。但离了祂，我们就不能做什么（约翰福音十五 5）。

祂并没有说，离了我，你们能做的不多；或离了我，你们所做的将极其难成；或离了我，你们所做的总有缺憾，而是，"离了我，你们就不能做什么"。并且每个基督徒心中都有关乎这一真理的明证。因为在神的护理方式中，常有这样的实例发生。纵使倾尽他们全部的祈祷和渴望，他们所有的论证和努力，他们无法在神的安排和心意中完全平静他们的心思。正相反的是，他们发现自己在此事上所有的努力，不过是推动山丘上必将回落的石头。直到神对他们的心说：要安静，向他们的意愿发声：放弃吧，什么都无法成就。

让我们来思考这个情况中包括的假设和意涵，我们将会发现它假定神的百姓可以预见将临和迫近他们的苦难和困境。我坦白地说，事实并非总是如此，因为我们所遭遇的许多苦难，如同蒙受的安慰，常以出乎意料的方式临到。但通常在我们感受到这些苦难之前，我们会得到相关的预警，包括公众性的和个人性的。如同天气可以通过天象来推测——当我们看到清晨"天发红又发黑"，这是风雨天的自然征兆（马太福音十六 3)——因此也有一些特定的时代迹象，我们可以藉着分辨患难何时来临，甚或已在门口。这些由上主给出的警告，是为了唤醒我们的责任感，可以藉其来阻止这些苦难的发生（西番雅书二 1、2），或者使它们的到来对我们的成圣有益，成为甘甜。这些关于即将到来的患难的预兆和警示的获得，部分来自于对圣经中相似情况和事例的观察与对照，神在所有的世代所施行的护理之工中，通常持有稳定、如一的进程和方向（哥林多前书十 6）。还有部分来自于基督徒对于自身内心态度和性情的省察，而这就极为需要唤醒、降卑、洁净的护理之工。因为假设一个基督徒在一定年月中缺乏杖的管教，他的内心将会变得多么刻板、世俗、萎靡和空虚！这样的倾向即预示着为主所爱的他们的苦难，这就如石头上的雾气或水滴预示着降雨那般确实。最后，如此安排和处置的另一个原因，是使我们为患难做好调整和预备，清晰地告诫我们患难已在门口。因此，当我们自己的身体，我们怀中的妻子，或是我们的孩子，还有我们的灵魂，显出疾病的征兆时，神的护理在此是要提醒我们对生离死别的预期。所以，当仇敌联合起来并密谋毁灭我们的自由、财产和生命，而神似乎松开了他们颈上束缚的辔头时，我们必须要对祸患的临近保持警惕，尤其是当我们的良知因这些危在旦夕的安舒被凌辱且毫无改进而反思时。

我们所处理的这个问题的预设是，这些苦难的预感和征兆确实时常严重搅乱秩序并打破我们内心的安宁。它们使心思极度不安，使精神异常涣散，使情感陷入混乱和叛逆之中。

啊，我们是何等不情愿向神交还祂赐予我们的！在我们的享乐和安逸中，因祸患而焦躁不安！苦难的信使纵使对最良善的人而言也何等不受欢迎！我们对苦难的反应如同那妇人对以利亚说："神人哪，我与你何干？你竟到我这里来，使神想念我的罪，以致我的儿子死呢？"（列王纪上十七18）某种程度上，这源自于义人灵魂中所残留的败坏。因为尽管所有被称义之人都自愿进入基督的国度，并降服在祂的管理和权杖之下，所有的心思意念都理应顺服于祂（哥林多后书十5）。但事实上，恩典的得胜和权能是不完全的和部分的，人本性的败坏，如同耶罗波安和他的匪众，兴起作乱，导致灵魂中的诸多反叛，同时，恩典则如同年少的亚比雅，软弱而无力与之对抗。并且某种程度上，这也是由于撒旦抓住时机，刺激和助力我们的败坏。祂知道已经在运动的物体更容易被移动。

第十二章 关乎神的护理的实际问题　275

在这种混乱而仓促的思绪中，撒旦随机偷偷嵌入牠的试探。有时是用一切想象中的令人沉沦、压倒性的境遇，来夸大我们所畏惧的毒害；有时通过猜测和预告这类大概率根本不会发生的事件和不幸；有时通过埋怨神的安排对我们而言相比其他人更加苛刻；有时以极端不信和卑劣的思想来回顾神的应许和其中牠的信实。通过这所有的一切，苦难在实际来临前，便被制造成深入灵魂的颓丧。思想深陷混乱，以至于无法恰当地履行责任。灵魂果真被削弱到一个地步，以至于试炼真正临到时无法承受。就如同一个人因纠结于他明日必行的艰难旅程，整夜无眠，不得安歇，以至于明日来临时，他因为缺乏休息而昏厥在半路中。

这里的预设是，当处于患难临近的焦虑中时，基督徒的重大责任理应是将自己的意愿降服于神，无论最终影响如何，平静地把事情及结果交托给牠。大卫在类似的景况及境遇中如此行："王对撒督说：你将神的约柜抬回城去。我若在耶和华眼前蒙恩，牠必使我回来，再见约柜和牠的居所。倘若牠说：我不喜悦你，看哪，我在这里，愿牠凭自己的意旨待我。"（撒母耳记下十五 25、26）哦，多么可爱而真诚的基督徒心态！就如同说，撒督去吧，与约柜一同回到它所属的地方，尽管我没有这个象征，但我希望我可以在这悲伤的旅途中拥有神真实的同在。我不知道牠会如何安排这事件中令人忧伤、疑虑的护理之工。我或许可以重返耶路撒冷,或许无法重返。若是我可以,就必再见约柜,并在那里以上主和祂的律例为乐。若是不能,那么我所将去之地,并不需要也用不上这些东西了。无论是哪种可能,我都甘心接受。我乐意将一切交托给神,无论这事如何,都接受主的安排。

直到我们里面达至类似的心志,我们才能拥有内在的平静。"你所作的,要交托耶和华,你所谋的,就必成立。"(箴言十六 3)作者说的"所作的",不仅包含我们从事的经营和事务,也包括我们所担忧的,每一个令人费解、错综复杂、难以预料的事件。一旦藉着信心的行动将这些交托给神,使我们的意愿降伏于祂,我们不仅会在其中收获安慰,也会即刻获益,拥有完全镇定与宁静的心灵。

但是这样的顺服正是困难之所在。而我们一旦将心意带入这种顺服,无疑会获得安宁。因此,我在此处尽可能地提供的这些帮助和引导,若凭着神的祝福,并加以忠实的应用,可以协助并推进这一伟大而艰难的事工。

你们要尽心竭力,深刻且坚定地认识到神的无限智慧及你们自身的愚昧和无知。这会让顺服对你们而言变得简单些。神随己意行做万事(以弗所书一 11),祂的智慧无法测度(诗篇一百四十七 5),祂的心思极其深(诗篇九十二 5)。而至于人,纵使人中最具智慧的,对神的护理的工作和意图的理解是何等浅显！而我们又是多么频繁地被迫收回自己冲动的主张，承认自己的错误，并承认若不是神的护理的慧眼明察，且较我们更有远见，我们早就使自己陷入千百般的祸患之中，而这些我们都是藉着神的护理的智慧和护顾得以逃脱。"神的护理的七眼"常明，关注我们的益处，这对我们而言乃是美事。现如今，倘若一个人能够且应当被另一个比他自己更智慧和高明的人引导和指挥，正如委托人之于博学多才的顾问，病人之于技艺高超的医生，每一个人都更加应当放下自己愚钝的理性和浅薄的认知，投靠无限且全知的神。

正是我们的骄傲和自负过于高估了我们自己的认知能力，以至于让顺服变得如此之难。属肉体的思维觉得自己似乎是众生利益明智的维护者，但神的护理多少次使其遭受挫折！越谦卑，则越顺服。

我们对于自己蒙受的恩惠和安慰的预见何等的少！我们自己的规划变为无有，而我们从未设想或图谋的却发生了。并非基于我们所选择的场地，或是计算和运球的技巧，乃是一些无法预料的天意，比如草地上的阻碍物，决定了比分。

有时，你们的思绪痛苦地纠缠于难以预料的护理之工，要深刻反思：这一行为是何等有罪且徒劳无益。

这种做法中包含很多的罪，因为我们所有的焦虑和不安的情绪，除了是傲慢和不信即时结出的果子之外，它们还会是什么呢？在世上没有比我们的意愿与神的心意之间的对抗更能展现出傲慢。这种支配神的护理,为祂的智慧定规的行为,是对神权柄的放肆冒犯。

这其中多是徒劳。世上所有的深思熟虑并不能让一根头发变白或转黑。我们所有的不满也无法说服神收回成命,或是在神的话语发出时,使其失效(以赛亚书三十一2)。祂心志已定(约伯记二十三13),祂心中的思念万代常存(诗篇三十三11)。

将圣经中那些顺服上主心意的完美榜样摆在你们面前,进入到比你们之前深刻,是的,乃至更深刻的克己之中,并将你们自己这种与神的护理抗辩的态度视为羞耻。

你们知道护理之工给亚伯拉罕的试验是何等紧迫,即呼召他离开自己的本国本家,去往他未知之地。然而经上说,他来到神的脚前,如一位随时待命的仆人,在他的主人脚前等候差遣(以赛亚书四十一2)。

保罗前往耶路撒冷的旅程对他自身而言光景阴郁。就像他告诉我们的,他所能预料的除了捆锁和牢狱之外别无他物(使徒行传二十23),这对众圣徒来说也是极大的试炼,他们不知道怎能舍弃这样一位牧者。然而他使自己的意愿顺服在神的旨意下(二十22),众圣徒也是如此说:"愿主的旨意成就"(二十一14)。

然而,远超这些和所有其他的榜样,我们亲爱的主耶稣为我们树立了何等的典范,在最大限度的克己上达到了史无前例的程度!父神在客西马尼园中将苦难的杯交在祂的手中，是烈怒的杯，是大而可畏的神的忿怒，其中并无掺杂。这杯的苦楚使人性陷入极端的痛苦和惊愕之中，那种痛彻心扉的惊愕，汗珠如大血点，促使祂急促地痛呼："阿爸，父啊！在祢凡事都能，求祢将这杯撤去。然而，不要从我的意思，只要从祢的意思"（马可福音十四36）。哦，这样降服和顺从于神的喜悦，是蒙神祝福的！与此相比，你们的境况如何呢？要用心思想，当人的意愿顺服并融入神的旨意时，所带来的非比寻常的恩泽和益处。

这样的心灵，有着内在的持续安息。其所谋的必成立（箴言十六3）。实际上，在一个人拥有这种态度前，他很大程度上如鬼魔一般，是一个寻觅安歇却一无所获的不安的灵魂。路德曾有一段非常精彩的表述，写给一个因其诸般事务悬而未决、祸福未卜，深陷灵里困惑的人："上主会为你成就万事，你唯一应当做的是在基督里安歇"。耶和华正是通过这种方式"叫祂所亲爱的安然睡觉"（诗篇一百二十七2）。这里所说的并不是身体的睡眠，乃是指灵里的安歇。正如曾有人如此评价这句经文："尽管这里的信徒生活在诸多的患难之中，但是凭借安宁、镇定的心神，使自己安居于信心的沉静中，好似他们在'安然睡觉'"。此外，这指引一个人的灵魂，在他的万般困苦中与神相交，因这世上再没有任何事物能让他们更享轻松和甘甜。

确实正如人们所实际观察到的，当一个人的灵魂一旦被带入顺服的姿态，他便前所未有地贴近于他所渴望的恩典和他所期待的拯救。当大卫变得如同断了奶的婴孩时，他就前所未见地接近他的王国。

想想看，对于你们的祈祷和见证来说，不顺服的态度是多么地令人厌恶。

你们祈祷说愿神的旨意行在地上，如同行在天上，但是当神的旨意看起来与你们的意愿和利益相悖时，你们便与之争斗或为之烦躁。你们宣称已经将你们的灵魂托付在神的保守中，将你们的永恒关注交托在祂手中，然而却不愿把本无价值的事物无保留地交付给神。这些事是多么地相互矛盾啊！

你们自称为受圣灵引导的基督徒，但是这种做法显示出你们随从自身性情的错谬指引。哦，那么，不要再懊悔，不要再争辩，只要谦卑地俯伏在你们天父的脚前，在所有的境遇和时运中，都当说："愿主的旨意成就"。

这样，藉着神的护理的帮助，我已基于这本圣经，将自己想要说的话呈现出来。我承认我的论述中伴有许多的瑕疵，但我已然竭力按着正意说明关乎神的护理之事。耶和华是配得称颂的，祂迄今一直在这项工作中帮助并保守我。

神的护理在将来的日子里会怎样安排我的生活、意志和工作，我并不知道。但是我满怀喜乐地将一切交托给那位直到如今为我成全诸事的神（诗篇五十七2）。

第十三章
记录我们所经历的神的护理之益处

鉴于对神的护理谦卑和认真地观察所获得的显著且丰盛的益处，我不能不断定，基督徒若是有时间和能力去行的话，便应为着自身和他人的利益和福分，坚持以备忘录或是日记的方式，书面记录下神的护理的工作。若是缺乏收录和交流这类的资料，不仅对我们自身，甚至对神的教会而言，都会面临极严重的枯竭。

有人说，医学的进步和完善就是如此。当任何人遇到罕见的药草，并意外地发现它的功效后，便会将之公之于众，医生便是通过收集这些被共享的试验结果和处方来习得医术。

我并非支持基督徒公开他个人经历中所知所遇的

一切细节，因为正如我之前所说的，宗教并非是敞开所有。然而，谨慎、谦卑、适时地分享我们对于神的护理的经历和观察，这对我们自身和我们的弟兄姊妹而言是大有裨益的。

若是基督徒在阅读圣经时可以明智而审慎地收集并记录他们在其中读到的护理之工，并（如果缺乏其他形式的辅助）附注上那些已临到他们自身的岁月和经历中的，哦，这会成为多么宝贵的财富啊。这对于他们的内心对抗近来广为流传的无神论来说，会是极为有效的解毒剂，且会比许多其他的论证更能让他们的心得满足，因"耶和华是神！耶和华是神！"（列王纪上十八 39）

当我着手这篇文稿时，欣喜地得到一篇敬虔且有益的短文的帮助，它出自一位不知名的作者，他在其中颇有建树地引用了许多关于神的护理的圣经段落，这些似乎是在平常观察的过程中罗列而出的。其中一些我已特别引用的段落，使我甘之若饴。哦，基督徒可以在任何地方投身于这样的工作！神的护理每时每刻都在亲手掌管着我们的生命、意志和关切。你们的面包在它的食橱里，你们的财富在它的钱袋里，你们的平安在它的臂弯中。当然，作为回报，你们至少可以将你们从神的护理手中所蒙受的恩惠记录下来。

关于你们已经拥有的和在你们的天路历程中将要遇见的如此众多非凡的神的护理的经历，不要信赖你们易逝的记忆力。没错，对我们造成重大影响的事情不容易被我们遗忘，然而新的印记将旧有的磨灭是多么常见之事呢？著名的哈里斯博士说过："我的记忆力在我一生之中从未令我失望过，因为事实上，我从未冒险信任过它。"书面的备忘录确保我们规避这种冒险，此外，当我们离世时，可以对他人有所帮助。这样你们就不会将你们所有的珍宝随你们一起带进天堂，而是把这些宝贵的遗产留给你们依然在世的朋友们。的确，遗失你们的银币、财货、动产所造成的亏损，远远比不上遗忘神在这世上以这种方式赏赐给你们的经历而产生的损失。

留心不要只是在书本里紧握这些丰富的宝藏，并认为知晓它们的存在便知足了。而是要在新的需要、忧虑和艰难出现并且威胁到你们时，随时向它们求助。从现在开始，当及时地思量和回顾，我之前从未这样烦恼过吗？这是临到我的首个困境吗？让我们像亚萨那样，追想古时之日，上古之年（诗篇七十七 5）。

要谨防在面对当前的艰难和危险时，轻忽了之前所经历的。我们即将要面对的总是显得最为困难，并且随着时间将我们渐渐带离我们昔日的恩典或危难，以至它们在我们眼中渐行渐远，正如同陆地之于那些远航的人们。要知道你们的危险曾经同样巨大，并且你们以往的恐惧并不弱于现今。尽可能地将铭记并存留以往的护理之工的意义和价值作为你们的职责，你们必得甜美的果实。

www.ingramcontent.com/pod-product-compliance
Lightning Source LLC
Chambersburg PA
CBHW030034100526
44590CB00011B/192